Der Tod ist groß, wir sind die Seinen

Ralf T. Vogel

Der Tod ist groß, wir sind die Seinen

Mit dem Sterben leben lernen

Patmos Verlag

VERLAGSGRUPPE PATMOS

PATMOS
ESCHBACH
GRÜNEWALD
THORBECKE
SCHWABEN

Die Verlagsgruppe
mit Sinn für das Leben

Für die Schwabenverlag AG ist Nachhaltigkeit ein wichtiger Maßstab ihres Handelns. Wir achten daher auf den Einsatz umweltschonender Ressourcen und Materialien.

Bibliografische Information der Deutschen Nationalbibliothek
Die Deutsche Nationalbibliothek verzeichnet diese Publikation
in der Deutschen Nationalbibliografie; detaillierte bibliografische Daten
sind im Internet über http://dnb.d-nb.de abrufbar.

Alle Rechte vorbehalten
© 2015 Patmos Verlag der Schwabenverlag AG, Ostfildern
www.patmos.de

Umschlaggestaltung: Finken & Bumiller, Stuttgart
Umschlagabbildung: Rina H./Quelle PHOTOCASE
Druck: GGP Media GmbH, Pößneck
Hergestellt in Deutschland
ISBN 978-3-8436-0593-9 (Print)
ISBN 978-3-8436-0624-0 (eBook)

Für Sabine

Inhalt

Vorwort 11

Einleitung: »Der Tod ist groß. Wir sind die Seinen…« (Rilke) 13
    Wir alle sind Sterbende! 13
    Ars moriendi – die Kunst des Sterbens 15
    Die großen Totenbücher 16

1. »Die Zeitlosigkeit der Seele« – C. G. Jungs Modell einer Kunst des Sterbens 19
    C. G. Jungs Schichtenmodell der Seele 21
    Das Kollektive Unbewusste und seine Inhalte, die Archetypen 23
    Seelenbilder vom Tod 24
    Das Un-Endliche am Grund unserer Seele 27

2. Vorbereitungen auf den eigenen Tod 31
    Unerledigtes erledigen: Dinge zu Ende denken und tun . . 32
    Rückschau – was war und was bleibt 33
    Tod und Sinn 35
    Sich aussöhnen – Ja und vielleicht auch Nein 37
    Was hinterlassen? 40
    Sich an Vorbildern orientieren: Wie sterben die anderen? 42
    Die Toten in uns: Wir tragen unsere Verstorbenen in unserem Herzen 47
    Die letzten Erledigungen planen: Sterbeort und Sterbebegleiter, Sarg und Begräbnis 55

3. Das Sterben üben 63
   Das Sterben vorbereiten – Tod und Traum 64
   Das Sterben üben – Tod und Imagination 72
   Stirb, bevor du stirbst: Meditation, Kontemplation und
   Psychotherapie 81
   Wer stirbt? Sich ent-identifizieren und loslassen 84
   Hilfreiche Rituale: Tod und Sterben eine Form geben .. 85
   Wünsche für die Zeit danach 89

4. Es habe jeder seinen eigenen Tod 91
   Ganzwerden als lebenslanges »Auf-dem-Weg-Sein«
   zu sich selbst 91
   Die zweite Lebenshälfte und ihre Aufgaben 94
   Der Sterbeprozess als Wandlung zur Ganzheit 99

Schluss 103

Anhang 105
   Bildnachweis 105
   Zitatnachweis 106
   Anmerkungen 106
   Literatur 111

Schlußstück

Der Tod ist groß.
Wir sind die Seinen
lachenden Munds.
Wenn wir uns mitten im Leben meinen,
wagt er zu weinen
mitten in uns.

RAINER MARIA RILKE

Vorwort

Dieses Buch handelt von der Lebenszeit des Sterbens. Es ist an Menschen gerichtet, die sich, freiwillig oder unfreiwillig, auf den Weg machen, sich der Endlichkeit ihres Lebens zu stellen. Freiwillig, weil sie davon überzeugt sind, dass die Auseinandersetzung mit dem eigenen Tod nützlich für das weitere Leben ist, wie dies auch von den allermeisten philosophischen, religiösen und spirituellen Traditionen der Welt vertreten wird. Unfreiwillig, weil sie bereits direkt mit dem Tod konfrontiert sind, sei es durch eigene Erkrankung, hohes Alter oder durch Sterben und Tod eines geliebten Menschen.

Der Haupttitel dieses Buches ist dem Gedicht »Schlußstück«[1] von Rainer Maria Rilke entliehen. Es geht um ein Thema, das in der langen, wahrscheinlich mindestens bis ins 15. Jahrhundert zurückgehenden Tradition der mitteleuropäischen *Ars moriendi* steht, der sogenannten »Kunst des Sterbens«. Diese wurde in einer Reihe kleiner Schriften vermittelt, welche den Umgang mit Tod und Sterben lehren sollten. Während diese Büchlein größtenteils streng im christlichen Gedankengut verankert waren, möchte ich in diesem kleinen Buch auf jegliche religiöse Vorannahmen bewusst verzichten und stattdessen vor allem auf die Erkenntnisse der Tiefenpsychologie zurückgreifen. Dies ermöglicht es Menschen unterschiedlicher oder auch gar keiner Religionszugehörigkeit, aus dem hier Gesagten Nutzen zu ziehen.

Die Auseinandersetzung mit Sterben und Tod ist aber zu gleichen Teilen auch eine *Ars vivendi*, eine Lebenskunst, denn Todesverständnis und Lebensverständnis gehen Hand in Hand. »Mit dem Sterben leben lernen«, heißt es daher im Untertitel. So kann dieses Buch auch bei einer Auseinandersetzung mit Werten, Erwartungen und Hoffnungen des Lebens helfen, deren Ausgestaltungen dann wiederum auf unser Verständnis des Todes und des Sterbens zurückwirken.

Rilke schrieb sein »Schlußstück« 1902, im Alter von 27 Jahren – 24 Jahre vor seinem frühen Tod am 29. Dezember 1926 im Sanatorium Val-Mont, in der Schweiz. Es war ein leidvolles Sterben an Leukämie, und Rilke starb »dichtend«, hatte er doch zeit seines Lebens das Leiden, das Dunkle und den Tod zu seinen bevorzugten Themen gemacht (sein letztes handschriftliches Gedicht richtet sich an Schmerz und Tod und entstand wenige Tage, bevor er verstarb). Dieses beständige Gedenken an den Tod macht ihn auch für dieses kleine Buch so wertvoll; einige seiner Gedichte finden sich an den passenden Kapitelanfängen. Sie drücken in poetischer Weise Gefühle aus, die für uns selbst vielleicht schwer in Sprache zu fassen sind, und ermöglichen eine behutsame Konfrontation mit der Endlichkeit, die – so auch das Ziel dieses Buches – trösten, Klarheit schaffen und dem Kontakt mit der Welt und den Menschen dienen kann.

Ingolstadt im September 2014
Ralf T. Vogel

Einleitung: »Der Tod ist groß. Wir sind die Seinen...« (Rilke)

Wir alle sind Sterbende!

Von Geburt an gehen wir alle dem Tod entgegen. Natürlich gehen wir auch immer ins Leben hinein, aber, so paradox dies zunächst erscheint: Auch in den Momenten des Aufbruches und Neubeginns nähern wir uns in jeder Sekunde gleichzeitig unserem Todesmoment. Genauso ist es mit allen Lebewesen, die uns umgeben. Auch sie beobachten und begleiten wir in ihrem Lebendigsein, und gleichzeitig gehen sie auf den Tod zu, so wie wir selbst. Dies immer mit zu bedenken, das heißt, in jeder Lebensäußerung schon den in ihr umschlossenen Tod zu erkennen, dies ist, kurz gesagt, mit der abendländischen Tradition des *Memento mori* gemeint.

Das *Memento mori*, »Bedenke, dass du und alles, was um dich lebt, sterblich ist«, zieht sich durch die Geistesgeschichte des Abendlandes und ist gleichzeitig auch zentrales Thema nahezu aller bedeutenden (fern-)östlichen spirituellen Traditionen. Es weist uns darauf hin: Wir alle sind bereits Sterbende, jederzeit und immerzu. Deutlich wird dies auch anhand der »kleinen Tode« im Alltag, der unwiederbringlichen Verluste oder endgültigen Abschiede, mit denen wir immer wieder konfrontiert werden. Trotzdem ist es ein großer Unterschied, ob das *Memento mori* als philosophisch-spirituelle Disziplin zur Weiterentwicklung der Persönlichkeit oder als Vorbereitung für den Ernstfall des Todes betrieben wird – wenn der Tod, in welcher Gestalt auch immer, bereits an die Tür klopft und um Einlass bittet, wie dies etwa in Rilkes Erzählung *Ein Märchen vom Tod*[2] so eindrücklich beschrieben wird: Die beiden Alten, die das Klopfen hören, verbarrikadieren sich zunächst angstvoll und scheuen die direkte Konfrontation. Dieses laute Klopfen des Todes hören alle schwer erkrankten Menschen, alle, die in Trauer sind oder einen Todesfall erwarten, alle Alten, alle diejenigen, die von Berufs wegen mit dem Tod konfrontiert sind.

Sich des allgegenwärtigen Todes möglichst beständig bewusst zu sein, das *Memento mori*, ist ein wichtiger erster Teil der *Ars moriendi,* der Kunst des Sterbens. Diese findet also nicht erst am oder im Sterbebett statt, sondern bereits mitten im alltäglichen Leben! Auf diese Weise wird verhindert, dass die direkte Konfrontation mit dem Tod überraschend kommt, dass uns das Todesthema fremd erscheint oder gar, dass wir so tun, als gäbe es den Tod in unserem Leben nicht. Gleichzeitig trägt das Sich-Bewusstmachen des Todes zu einer hohen Wertschätzung alles Lebendigen bei, denn Begrenzung, in diesem Fall die bewusst gemachte zeitliche Begrenztheit des Lebens, verleiht den Dingen oft erst ihren großen Wert. Des Weiteren, und dies ist ein weiteres Paradox des *Memento mori*, werden existenzielle Überschätzungen relativiert: Dinge und Beziehungen bekommen den Wert, der ihnen angesichts der Gewissheit der Endlichkeit des Lebens tatsächlich zukommt, und auch wir selbst werden ermahnt, uns und unser Tun nicht zu wichtig zu nehmen.

Ein beständiges Bedenken des Todes ist kein Weg in die Trübsal. Ganz im Gegenteil, das *Memento mori* eröffnet die Möglichkeit, ein Leben im Augenblick einzuüben, wie es in vielen meditativen Disziplinen von Menschen versucht wird. Auch psychologische Forschungen weisen darauf hin, dass die Entwicklung von Weisheit eng mit den Aufgaben eines *Memento mori* verknüpft ist. Gelassenheit sich selbst und den Geschehnissen gegenüber, Freude am Hier und Jetzt, bewusste Ausrichtung auf das Kommende, getragen von einer leichten Trauer über das Vergehen – das sind wohl die Gefühle, die zum *Memento mori* gehören.

Ars moriendi – die Kunst des Sterbens

Wie ist es nun aber mit der »eigentlichen« Sterbekunst? Wie gehen wir angesichts des nahen Todes mit uns selbst und der Welt um? Die Entwicklung der modernen Medizin, vor allem der Palliativmedizin, sowie der Pflegewissenschaften ermöglichen uns eine viel längere und bewusstere Auseinandersetzung mit unserem Tod oder dem Sterben eines anderen Menschen, als dies in früheren Zeiten der Fall war. Darin mag wohl auch ihr (psychologischer) Sinn stecken: dass es mehr Zeit und Raum für das Sterben gibt und es oftmals bis nahe an den Todeszeitpunkt hin möglich wird, sich bewusst mit dem Sterben auseinanderzusetzen.

Was aber nun bedeutet es, dass das Sterben als »Kunst« bezeichnet wird? Hierin liegt bereits eine gewisse Weisheit, die den mittelalterlichen Schöpfern dieses Begriffes vielleicht gar nicht bewusst war: Kunst ist etwas höchst Subjektives; objektive Kriterien, was als Kunst zu bezeichnen ist und was nicht, gibt es nicht. Kunst ist auch nicht immer gleichzusetzen mit »schön«, und was dem einen Menschen gefällt, kann etwas sein, dem ein anderer nur Ablehnung entgegenbringt. Künstlerinnen und Künstler sind höchst individuelle Menschen, die einzigartige, genau auf sie passende Methoden anwenden, und jedes Kunstwerk gibt es nur einmal. So ist auch das Sterben eines Menschen eine Einzigartigkeit wie der sterbende Mensch selbst. »O Herr, gieb jedem seinen eignen Tod«[3], schreibt Rilke.

Kunst ist im Übrigen auch nicht wirklich lehr- oder lernbar. Was in den Kunstakademien geschieht, ist zum einen das Einüben handwerklicher Fähigkeiten, etwa das Umgehen mit Pinsel oder Meißel. Dann aber wird der Kunstlehrer bzw. die Kunstlehrerin zurücktreten und versuchen, der Entfaltung dessen, was in den Studierenden angelegt ist, Raum zu geben. So müssen wir uns also unsere Kunst des Sterbens selbst schaffen und können nicht darauf hoffen, dass uns jemand allgemeingültig beibringt, wie's geht. Gleichzeitig können wir aber einige grundlegende Prinzipien des »Sterbehandwerks« erlernen. Sie können als Basis unserer

Ars moriendi dienen, dürfen aber auch, wie es im künstlerischen Schaffen ebenfalls üblich ist, wieder verworfen werden. Einige wichtige und nützliche Elemente des »Sterbehandwerks«, aus dem wir unsere eigene Kunst des Sterbens entwickeln können, werde ich in diesem Buch beschreiben.

Die großen Totenbücher

Das meiste, was zu einer *Ars moriendi* benötigt wird, gehört zum uralten Menschheitswissen. Seit Menschen fähig sind, über sich selbst nachzudenken, also bereits seit vielen tausend Jahren, entwickeln sie Formen, mit Tod und Sterben umzugehen. Zunächst mündlich in Eingeweihtenkreisen überliefert, dann mehr und mehr schriftlich fixiert, erweitert und gekürzt, verändert und neu verfasst, fanden diese Praktiken und das dazugehörige Wissen Eingang in sogenannte »Totenbücher«. Hierbei handelt es sich um Texte, die je nach Kultur auf Papyrus, Bambus, Stein oder Holz in oft einfachster, heute schwierig zu deutender Schriftform niedergelegt sind und bei denen es in erster Linie um die Themen Tod, Sterbeprozess und Jenseitsgeschehen geht. Die Totenbücher sind quasi die Todesmythologien der menschlichen Hochkulturen, die in Handlungsanleitungen überführt wurden und in denen wesentliche Menschheitserkenntnisse versammelt sind.

Die Tiefenpsychologie des Schweizer Psychologen und Arztes C. G. Jung sieht in den Mythen einen Zugangsweg zu allgemeingültigen, menschheitsübergreifenden Grundthemen, den sogenannten Archetypen. Ich werde im nachfolgenden Kapitel ausführlicher darauf zurückkommen. An dieser Stelle reicht es festzuhalten, dass es möglich ist, in den Totenbüchern archetypische Denk-, Handlungs- und Erfahrungsmuster im Umgang mit Tod und Sterben aufzuspüren. Das bedeutet, dass sich diese Muster dann in allen oder doch zumindest in den meisten den Totenbüchern zugrunde liegenden Mythen wiederfinden lassen müssten.

Tatsächlich gibt es solche menschheitsgültigen, d. h. archetypischen Gemeinsamkeiten: Alle großen Mythen und spirituellen Traditionen der Welt weisen dem Sterben und dem Todeszeitpunkt eine große Bedeutung zu. Oftmals, etwa bei den christlichen Sterbesakramenten oder in den bekannten tibetischen Totenbüchern, geht dies so weit, dass gesagt wird, durch die Beachtung grundlegender Regeln beim Sterben könnten frühere Verfehlungen ausgeglichen werden. Zugleich weisen viele der Mythen auf ein Gerichtsmotiv hin, wie dies etwa sowohl in christlichen als auch in muslimischen oder altägyptischen Vorstellungen von einem Gericht unmittelbar nach dem Tod der Fall ist. Es besteht auch weitgehend Einigkeit über die Bedeutung eines »Seelenführers«, d. h. eines Sterbe-, Todes- und Jenseitskundigen, der vor und nach dem eigentlichen Todeszeitpunkt für den Menschen sorgt, wie dies etwa der griechische Gott Hermes oder der christliche Erzengel Michael tut.

Aus all diesen mythologischen Motiven haben sich dann in den unterschiedlichen Weltkulturen die Anweisungen entwickelt, die in den jeweiligen Totenbüchern enthalten sind. Für eine heute gültige *Ars moriendi* bedeutet dies, dass die wichtigen (sterbe-) psychologischen Komponenten unabhängig von jeglicher Glaubensrichtung herausdestilliert werden können. Dazu gehören:

- In der Konfrontation mit dem Tod ist es gut, auf ihn vorbereitet zu sein.
- Das Sterben ist nicht ein unwesentliches Dahinscheiden, sondern ein bedeutsamer, vielleicht sogar der bedeutsamste Moment der menschlichen Existenz.
- Das Sterbenmüssen konfrontiert uns noch einmal mit dem Getanen und Unterlassenen, mit dem Gelebten und Ungelebten und fordert zu Rechenschaft heraus.
- Die Konfrontation mit dem Tod erfordert zumindest zeitweise einen Begleiter, eine Begleiterin, sei es in Gestalt eines konkreten Menschen oder in Form einer »inneren Begleiterin«, also eine vielleicht imaginierte innere Gestalt, die sich aus realen Erfahrungen mit Menschen, aus Wünschen und Sehnsüchten

sowie aus archetypischen Bildern solcher Seelenführer zusammensetzt.

Dieses Menschheitswissen mag uns behilflich sein auf unserer ganz persönlichen Suche nach dem, was uns trägt, wenn wir der Endlichkeit gegenüberstehen: Denn »Der Mensch«, so C. G. Jung, »muss sich darüber ausweisen können, dass er sein Möglichstes getan hat, sich eine Auffassung über das Leben nach dem Tode zu bilden, oder sich ein Bild zu machen – und sei es mit dem Eingeständnis seiner Ohnmacht. Wer das nicht tut, hat etwas verloren. Denn was als Fragendes an ihn herantritt, ist uraltes Erbgut der Menschheit, ein Archetypus, reich an geheimem Leben, das sich dem unsrigen hinzufügen möchte, um es ganz zu machen.«[4]

Mein Buch, das als ein kurzgefasstes tiefenpsychologisches Totenbuch bezeichnet werden könnte, greift auf diese zentralen Punkte zurück und will den Leserinnen und Lesern in vier Kapiteln hilfreiche Impulse für eine zeitgemäße *Ars moriendi* und eine behutsame Auseinandersetzung mit dem eigenen Sterben geben. Im ersten Kapitel möchte ich das Buch in die kulturübergreifende Tradition der Totenbücher einordnen. Im zweiten soll eine gezielte Auseinandersetzung mit dem Sterben und den dann die innerlich und äußerlich anstehenden »Erledigungen« angeregt werden. Im dritten Kapitel steht dann die Sterbephase selbst im Mittelpunkt. Das vierte Kapitel versucht sich der Frage anzunähern, inwieweit Sterben mit unserer Entwicklung auf eine übergeordnete Ganzheit und unser »eigentliches Selbst« hin in Zusammenhang steht.

1. »Die Zeitlosigkeit der Seele« – C. G. Jungs Modell einer Kunst des Sterbens

»Die beiden Elemente Zeit und Raum – Grundvoraussetzungen der Wandlung – sind für die Psyche relativ bedeutungslos. Mit anderen Worten: bis zu einem gewissen Grad ist die Seele der Wandlung und Vergänglichkeit nicht unterworfen. Das ist alles, was wir wissen. [...] Für jene Menschen, die die Gabe des Glaubens nicht besitzen, mag es hilfreich sein, sich daran zu erinnern, daß die Wissenschaft selbst auf eine Möglichkeit des Fortlebens weist.«
C. G. JUNG[5]

Eine erste Annäherung an unser eigenes Sterben – und ich schreibe hier bewusst »Annäherung« und nicht etwa »Wissen« – besteht für uns Menschen im Nachdenken. Was bedeuten für uns Sterben und Tod genau? Diejenige Sparte der Psychologie, die sich auf die Gewinnung von Erkenntnissen um Tod und Sterben kümmert, ist die sog. Thanatopsychologie (von griech. *thanatos*, Tod). Sie bezeichnet das Ergebnis unseres Nachdenkens über den Tod und die Schlussfolgerungen, zu denen wir gelangen, wenn wir uns selbst am Ende unseres physischen Seins vorstellen, als unser »Todeskonzept«. Dieses besteht aus Gedanken und Gefühlen, es ist unsere zusammengefasste Sicht auf uns als sterbliche Wesen. Somit hängt es auch eng mit unserem Selbstbild zusammen, beide sind sozusagen miteinander verwoben und beide entwickeln sich in Abhängigkeit voneinander. »Sage mir, wie du über den Tod denkst, und ich sage dir, wer du bist«, so könnte man diese enge Verschränkung kurz und bündig benennen.

Innerhalb der Tiefenpsychologie war es vor allem der Schweizer Arzt und Psychotherapeut Carl Gustav Jung (1975–1961), der sich der Untersuchung des Todeskonzepts gewidmet hat. Er kann als der Gründungsvater einer modernen Sicht auf Tod und Sterben gelten, die auf psychologische Einsichten gründet und an die Weisheitsbestände der alten Hochkulturen der Menschheit anknüpft.

Jung war das erste überlebende Kind seiner Eltern, drei hatten sie vor ihm verloren: zwei durch Totgeburten, das dritte starb nach fünf Tagen. Tod und Sterblichkeit begleiteten also seinen Lebensweg von Beginn an. Als vom Vater enttäuschter Pastorensohn, als Kind lange Zeit kränkelnd und im Erwachsenenalter von seelischen Krisen erschüttert, war er zeit seines Lebens mit existenziellen Themen konfrontiert. Zunächst aus der inneren Not, mit den Dynamiken des eigenen Seelenlebens fertigzuwerden, später als Psychiater und Psychotherapeut aus der Motivation heraus, seinen Patienten gerecht werden zu wollen, entwickelte er die sogenannte »Analytische Psychologie«, welche die damals dominierende Freud'sche Psychoanalyse ergänzte und zum Teil auch kritisierte. 1944 erlitt Jung einen schweren Herzinfarkt und erfuhr ein klassisches Nahtoderlebnis; der Tod seiner Frau Emma 1955 bedeutete für ihn nochmals eine tiefe Todesbegegnung und eine schwerste seelische Krise.

Das Todesthema gehörte für Jung auch »in gewisser Hinsicht […] zum Fundament meiner Werke«[6]. In den Auseinandersetzungen mit Freud und dessen Schülern ging es u. a. auch um diejenigen Aspekte seiner psychologischen Lehre bzw. Wissenschaft, die uns bei unserer Konfrontation mit der eigenen Endlichkeit am wichtigsten werden können: Jungs Sicht auf das Seelische als einen in die Tiefe reichenden Innenraum, in dem ab einem gewissen Stadium auch Raum und Zeit ihre Bedeutung einbüßen und die Frage nach dem Tod als einem endgültigen Ende neu gestellt werden muss.

C. G. Jungs Schichtenmodell der Seele

In Jungs eigener Biografie gab es eine schwierige Zeit, die er auch als »Nachtmeerfahrt« bezeichnete – ein Begriff, der aus der ägyptischen Mythologie entliehen ist, wo der Sonnengott Ra bei Sonnenuntergang eine Reise durch die Jenseitswelt unternimmt, um am nächsten Morgen wieder strahlend aufzusteigen. Bei dieser zeitweise schmerzhaften und auch bedrohlichen Auseinandersetzung mit dem Unbewussten sowie bei der Behandlung seiner zum Teil sehr schwer psychisch erkrankten Patientinnen und Patienten entdeckte Jung seelische Bilder, die er bereits aus seinen Studien der menschlichen Kultur- und Geistesgeschichte kannte. Dies führte ihn auf die Spur, dass es in unserem seelischen Innenraum auch Anteile geben könnte, die über die eigene Person hinausgingen, die uns mit dem gesamten Menschengeschlecht, ja vielleicht sogar mit dem gesamten Universum, verbinden könnten. Jung nannte diese tiefste Schicht in uns das »Kollektive Unbewusste« und konnte es in den vielen Jahren seiner schöpferischen Tätigkeit immer besser von den persönlichen, also nur jedem Einzelnen zugehörigen unbewussten Anteilen – dem Verdrängten, Vergessenen oder anderweitig aus dem Bewusstsein des Einzelnen verschwundenen Seeleninhalten – abgrenzen.

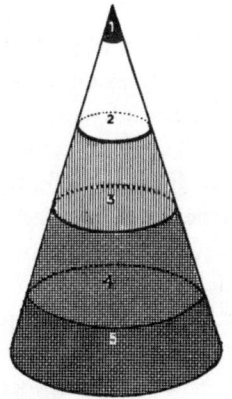

1 = Das Ich
2 = Das Bewusstsein
3 = Das persönliche Unbewusste
4 = Das Kollektive Unbewusste
5 = Der nie bewusst zu machende Teil des Kollektiven Unbewussten

Abb. 1: Jolande Jacobi: Das Ich und das Unbewusste

Jungs Schülerin und enge Vertraute Jolande Jacobi entwarf bereits 1939, also noch zu Lebzeiten Jungs, dieses Kegelbild (siehe Abb. 1)[7], um die von Jung beschriebenen Schichten zu veranschaulichen. Durch Nachdenken, Reflektieren und Diskutieren können wir nur Zugang zu den Schichten eins und zwei bekommen. Die dritte Schicht, die des persönlichen Unbewussten, ist so nicht erreichbar. Sie enthält die Niederschläge unserer Biografie, unseres gelebten und ungelebten Lebens usw. Auch das, was in der Freud'schen Psychoanalyse das »Verdrängte« genannt wird – dasjenige also, was unbewusst wurde, weil es uns zu peinlich oder schmerzhaft war –, ist hier anzusiedeln.

Es sind vor allem diejenigen unbewussten Anteile unserer Seele, die aus gefühlsmäßig bedeutsamen Erfahrungen und Erlebnissen mit anderen Menschen hervorgingen, sei es in ganz frühen Beziehungen zu den Eltern und Geschwistern, sei es in aktuelleren zwischenmenschlichen Begegnungen, sofern diese emotional für uns wirklich von Bedeutung waren. Auch frühere Erlebnisse und Beziehungserfahrungen mit Menschen, die inzwischen nicht mehr leben, können sich hier im persönlichen Unbewussten niederschlagen. Ob diese, von der Analytischen Psychologie C.G. Jungs als »Komplexe« bezeichneten Niederschläge störend oder gar krankmachend sind, liegt zum einen an der Art der zugrunde liegenden früheren Beziehung, zum andern aber auch am Grad ihrer Bewusstheit. Das heißt, je mehr wir über unsere Komplexlandschaft wissen, desto weniger wirkt sie sich ungesteuert auf unser Seelenleben aus. All diese Seeleninhalte sind nämlich zunächst dem Bewusstsein entzogen und erschließen sich nur indirekt, z.B. über Träume oder sog. »Freud'sche Fehlleistungen« wie Versprecher oder Vergessen. Komplexe zeigen sich vor allem auch in komplexhaftem Verhalten, etwa wenn jemand auf die eigentlich harmlose Kritik eines Vorgesetzten mit großer Angst und Selbstzweifel reagiert, so als stünde er wie ein kleines Kind dem mächtigen Vater gegenüber. Die kollektiven Schichten der Psyche reichen jedoch bedeutend tiefer als nur in die Zeit früherer, emotional bedeutsamer Beziehungserfahrungen.

Das Kollektive Unbewusste und seine Inhalte, die Archetypen

Die Ebenen des Kollektiven Unbewussten entziehen sich, so Jung, völlig der konkreten Anschauung. Wir können lediglich über sie Vermutungen anstellen, sie erahnen, und wir können Bilder suchen, die aus diesen tiefen Schichten in unser Bewusstsein aufsteigen. Diese Bilder finden sich sowohl in den religiösen und mythischen Schöpfungen verschiedener Menschheitskulturen als auch in unseren Träumen oder den halluzinatorischen Erlebnissen psychosekranker Menschen. Auch in den modernen Medien tauchen sie auf, etwa in den Geschichten aus Hollywoods »Traumfabrik« oder in den großen modernen Mythen- bzw. Märchenerzählungen wie J. R. R. Tolkiens *Der Herr der Ringe* oder J. K. Rowlings *Harry Potter*.

Jung nennt diese Urbilder, in Anlehnung an einen alten Begriff aus der griechischen Philosophie, »archetypische Bilder«, die von den sogenannten »Archetypen« – unanschaulichen psychischen Energien im Kollektiven Unbewussten – hervorgebracht werden. *Arché* ist das griechische Wort für Ursprung oder Beginn und wurde als Erstes von dem griechischen Philosophen Platon (428–348 v. Chr.) benutzt und von C. G. Jung schließlich für die Psychologie weiterentwickelt. Archetypen äußern sich in kollektiven Bildern, zu denen aber der einzelne Mensch unmittelbaren Zugang hat und über die er die Wirkmacht der Archetypen erfahren kann.

Zu den Archetypen gehören z. B. der Alte Weise / die Alte Weise, das Göttliche Kind, der Held / die Heldin, der Heiler / die Heilerin, die Große Mutter. Zwar werden die konkreten Bilder dieser Archetypen auf der ganzen Welt immer wieder etwas unterschiedlich dargestellt, die mit ihnen verbundenen psychologischen Motive und Geschichten sind aber immer dieselben. Die Tatsache, dass wir auch in uns selbst mit diesen archetypischen Bildern in Kontakt kommen können – etwa in Träumen oder in bestimmten Formen der Imagination –, weist auf eine Seelenschicht hin, die mit unserer Einzelexistenz nichts mehr zu tun hat, die uns vielmehr zum Teil des Menschengeschlechts überhaupt werden lässt. »Alles verändert sich, aber dahinter ruht ein Ewiges«, meinte Goethe. Diese der Zeit und dem Raum nicht unterworfenen kollektiven, der gesamten Menschheit zugehörigen Motive befassen sich auch mit Sterben und Tod, der selbst als ein Archetyp aufgefasst werden kann.

Seelenbilder vom Tod

Archetypische Bilder des Todes, die eben weder nur auf eine individuelle Verdrängung oder Bewältigung von Todesangst des Einzelnen noch auf bewusste kulturell bedingte Entstehungsgründe zurückgeführt werden können, finden wir vor allem auch in den klassischen und modernen Werken der Bildenden Kunst, wie überhaupt die These gewagt werden kann, dass die archetypischen Seelenbilder vom Tod und die Entstehung von Kunst in der Frühgeschichte der Menschheit wohl parallel gelaufen sind. Diese nicht mehr individuellen Bilder von Sterben und Tod können in folgende fünf Kategorien aufgefächert werden (in Klammern findet sich jeweils ein Beispiel aus der abendländischen Bildenden Kunst; es ließen sich aus allen anderen großen Menschheitskulturen ebenfalls Beispiele aufzeigen):
- Jenseitsbilder (z. B. Jan Bruegel d. Ä. [1568–1625]: *Das Paradies*, 1620),
- Vergänglichkeit des Körpers / Memento mori (Vanitas) (z. B. Gerhard Richter: *Schädel mit Kerze*, 1983),
- Überfahrt/Übergang (z. B. Arnold Böcklin: *Die Toteninsel*, 1880, siehe Abb. 2, S. 25),
- Rückschau, evtl. Gericht,
- (dyadische) Trauer / Pieta (z. B. Michelangelo Buonarroti: *Pietà*, 1499).

Abb. 2: Arnold Böcklin: Die Toteninsel (1880)

Die Beschäftigung mit den archetypischen Bildern von Sterben und Tod sowohl in unserem Inneren – z. B. in Träumen, Imaginationen – als auch im Äußeren – etwa in Mythen, Märchen oder eben in den Bildern der Kunst – ist äußerst bedeutsam. Sie reichert unsere enge, persönliche Sicht um Aspekte des Menschheitswissens an. Durch eine sorgsame Betrachtung der Bilder widerfährt uns fast von alleine, was Jung selbst uns empfiehlt, nämlich dass wir »einen Mythus vom Tode [entwickeln], denn die ›Vernunft‹ zeigt ihm [dem Menschen] nichts als die dunkle Grube, in die er fährt. Der Mythus aber könnte ihm andere Bilder vor Augen führen, hilfreiche und bereichernde Bilder des Lebens im Totenland. Glaubt er an diese oder gibt er ihnen auch nur einigen Kredit, so hat er damit ebenso sehr recht und unrecht wie einer, der nicht an sie glaubt. Während aber der Leugnende dem Nichts entgegengeht, folgt der dem Archetypus Verpflichtete den Spuren des Lebens bis zum Tode.«[8]

Aus tiefenpsychologischer Sicht ist es dabei auch von besonderer Bedeutung, nicht bei der Bilderauswahl einzelner religiöser oder weltanschaulicher Gruppen (Ideologien, Konfessionen etc.) stehen zu bleiben, sondern möglichst offen und unvoreingenommen auf sich wirken zu lassen, was die Menschheitskultur als ganze an Bildern zu Tod und Sterben geschaffen hat.

Abb. 3: Dante Alighieri: Illustration zum Paradiso, 31. Gesang, Vers 1–3.

Die beiden großen Tiefenpsychologen unserer Zeit, Sigmund Freud und Carl Gustav Jung, waren sich in ihrer Sicht auf den Tod nicht unbedingt einig. In einer zentralen Feststellung stimmten sie allerdings überein, nämlich dass das menschliche Unbewusste den Tod nicht kenne, ja sogar ignoriere! Eine Anschauung dieser tiefenpsychologischen Erkenntnis erhält man u. a. auch, wenn wir Menschheitsbilder vom Jenseits betrachten (siehe z. B. Abb. 3, S. 26). Für einen Menschen, der dem Tod entgegengeht, sind dies Beispiele für die von Jung gemeinten »hilfreiche[n] und bereichernde[n] Bilder des Lebens im Totenland«.

Das Un-Endliche am Grund unserer Seele

Aus seinen Erkenntnissen über die Märchen und Mythen der Weltkulturen, seiner therapeutischen Arbeit mit den Träumen und Imaginationen seiner Patientinnen und Patienten sowie aus seinen eigenen Erlebnissen in der Auseinandersetzung mit dem Unbewussten entwickelte Jung eine übergreifende Theorie von den Tiefenschichten der Seele. Ganz ohne sich auf religiöse Vorstellungen zu beziehen, sondern rein auf einer psychologischen Erfahrungsebene bleibend, konnte Jung so 1950 in einem Brief an die Witwe eines verstorbenen Freundes feststellen, »daß unsere Seele in eine Region reicht, die weder der Veränderung in der Zeit noch der Beschränkung durch den Ort verhaftet ist. In jener Seinsform ist unsere Geburt ein Tod und unser Tod eine Geburt. Im Gleichgewicht hängen die Waagschalen des Ganzen.«[9] Unterhalb der archetypischen Seelenschicht finden wir, so Jung, das völlig Zeitlose und damit auch der Vergänglichkeit vollends Entzogene in uns, das uns gleichzeitig mit allem verbindet. Der große Philosoph Arthur Schopenhauer beschrieb schon 1859 das dazugehörige Gefühl, das sich bei tiefer Seelenschau einzustellen vermag, als eine gewisse subjektive Ahnung von Unsterblichkeit.[10]

Jung stellt also mit psychologischen Mitteln fest, was die Mystiker aller Zeiten und Kulturen ebenfalls wussten: Die Verbindung zwischen uns und allem anderen finden wir jenseits aller Zeitlichkeit und Räumlichkeit *innerhalb* unseres Selbst! Dieser Selbstbegriff geht allerdings weit über die gängige Verwendung hinaus, die das Selbst des Menschen zu oft mit seinem bewussten Ich, seinen Rollen, ja heutzutage sogar mit seinem Gehirn oder Körper identifizieren möchte. Nach Jung umfasst unser Selbst das bewusste Ich und das Unbewusste in all seinen Schichten, auch die tiefsten kollektiven, »unendlichen«, eben der Vergänglichkeit nicht unterworfenen Ebenen. Dieses Selbst ist von unserem bewussten Ich, mit dem wir zunächst identifiziert sind, zu unterscheiden. So schreibt Jung: »[D]as Selbst [hat] mit dem Ich genau soviel zu tun [...] wie die Sonne mit der Erde. Die beiden können nicht verwechselt werden.«[11] Wir erfahren dieses Selbst in Bildern und Symbolen, die uns übersteigen. Eine Ahnung davon können wir vielleicht bei der meditativen Versenkung in ein Mandala, einem der herausragendsten Symbole für das Selbst, bekommen, aber auch beim Hören von uns ergreifender Musik oder der Betrachtung einer Landschaft kann eine Erfahrung des Selbst möglich sein. Wir spüren dann etwas Geheimnisvolles, Aufregendes und uns selbst Übersteigendes. Auch Krisensituationen können ein solches Erleben auslösen.

Gerade beim Mandala wird deutlich, dass diese Erfahrung des Selbst, das Gefühl, Teil eines Ganzen zu sein und sich gleichzeitig als Ganzes zu spüren, sich auch in religiösem Erleben ereignet. So schreibt Jung: Man kann »empirisch nie unterscheiden [...], was ein Symbol des Selbst und was ein Gottesbild ist«[12]. Dieser religionspsychologische Grundsatz, dass die Bilder unseres eigentlichen Selbst und die Gottesbilder sich gleichen und dass auch die Begegnung mit ihnen die gleichen überwältigenden Erfahrungen der Einheit und Ganzheit auslösen, macht einen ganz zentralen Teil der Jung'schen Tiefenpsychologie aus.

Noch einmal zurück zum weltweit vielleicht wichtigsten Selbstsymbol, dem Mandala. Es begegnet uns in den verschiedenen Kulturen in unterschiedlichen, aber dann doch wieder verblüffend ähnlichen Bildern und wird auch für die Meditation,

Abb. 4: Fensterrose von Notre-Dame

also die Vertiefung in dieses Selbst hinein genutzt. Das Mandala findet sich auch im westlichen Kulturkreis, etwa in den Rosettenfenstern der großen Kathedralen (siehe Abb. 4, S. 29).

Blicken wir tief genug in uns hinein, dann können wir diese »mystische« Verbindung zum Selbst, zu den zeitlosen Seelenschichten in uns, spüren, und wir werden sehen, dass gerade der Sterbeprozess uns diese Verbindung noch einmal mit aller Kraft aufzeigen kann, bringt er uns doch zwangsläufig in Kontakt mit den tiefsten Schichten unseres Seins.

2. Vorbereitungen auf den eigenen Tod

Wenn die Abendschatten steigen,
überhaucht von Zeit zu Zeit
meiner Seele sinnend Schweigen
unversehne Traurigkeit.
Und wie sich die Fackeln neigen
draußen zu des Tags Geleit,
fühl ich auch auf mich sie zeigen
und mir winken: Sei bereit!
CHRISTIAN MORGENSTERN[13]

Die tröstliche Auskunft der Tiefenpsychologie Jungs, dass jeder von uns eine zeitlose und daher unsterbliche, uns mit allem anderen verbindenden Seelenschicht in sich trägt, muss, um wirksam zu sein, nicht nur intellektuell verstanden, sondern auch gefühlsmäßig nachvollzogen werden. Dieser Weg, der nach innen und im Inneren in die Tiefe führt, muss – wie uns die oben abgedruckte Abbildung von Jolande Jacobi zeigt (siehe Abb. 1, S. 21) – durch die Schichten unseres Bewusstseins und unseres persönlichen Unbewussten hindurch. Dieses Kapitel soll sich daher der *bewussten* Auseinandersetzung mit Sterben und Tod befassen, die das Erreichen der unbewussten Tiefenschichten wohl erst ermöglicht. Dabei werden wir erkennen, dass diese Vorbereitungsarbeit auch eine Arbeit am konkreten Leben ist. »*Si vis vitam, para mortem,* wenn Du leben willst, bereite Dich auf den Tod vor«[14], so zitiert Sigmund Freud 1914 in einem seiner bedeutsamsten Aufsätze *(Zeitgemäßes über Krieg und Tod)* und weist uns damit darauf hin, dass die bewusste und achtsame Hinwendung auf den Tod uns das Leben vielleicht erst wirklich leben lässt.

Unsere Gesellschaft hält inzwischen zumindest formal wichtige »Erledigungsdinge« für uns bereit: die Patientenverfügung und die Vorsorgevollmacht. Mit ihnen regeln wir anhand vorgefertigter Formulare oder in freiem Text, was wir uns im Falle schwerster Erkrankung wünschen, was wir uns verbitten und wer von unseren Nächsten für was genau zuständig sein soll. Diese Formulare sind für viele Menschen ein wertvoller erster Einstieg in ein *Memento mori*. In diesem Buch geht es allerdings um die psychologisch bedeutsamen Dinge, die aber selbstverständlich in solch formale Akte wie das Schreiben einer Vorsorgevollmacht stark mit einfließen.

Unerledigtes erledigen: Dinge zu Ende denken und tun

Wir alle gehen durchs Leben mit »offenen Themen«: Dinge, die mangels Gelegenheit nicht abgeschlossen werden konnten, die uns andere nicht abschließen ließen oder die wir selbst offenlassen wollten. Dieses Offengelassene umfasst meist Beziehungsfacetten zu anderen Menschen. Ihnen würden wir gerne noch etwas mitteilen, von ihnen noch einmal etwas hören. Es geht aber auch um nicht Getanes, um das, was die Analytische Psychologie das »ungelebte Leben« nennt, das vielleicht aber noch gelebt werden möchte, damit ein Mensch für sich das Gefühl eines »runden« Abschlusses erreichen kann.

An sich ist Unerledigtes auch gar kein Problem, im Gegenteil: Offenes inspiriert uns auch, ermuntert uns zur Weiterentwicklung und zu Neuem. Eine Ideologie des Abschließens des Unerledigten um jeden Preis kann also nicht sinnvoll sein. Bevor wir in Aktion treten, geht es zunächst darum, das zu Erledigende zu Ende zu *denken*, und dies in zweierlei Weise: Zum einen sollten wir uns bewusst machen, ob es uns überhaupt besser gehen wird, wenn die Dinge erledigt sind, ob das ein oder andere also wirklich erledigt werden *soll*. Zum andern ist die Frage zentral, ob manches überhaupt erledigt werden *kann*, ob das Erledigen also tatsächlich in unserer Macht steht. Manchmal sind die Dinge zu groß, ja schicksalhaft, und können deshalb nicht endgültig beendet werden. Manchmal sind wir aber auch auf das Wohlwollen oder zumindest die Mitarbeit anderer angewiesen, um etwas zu einem guten Abschluss bringen zu können, und können dies nicht herbeizwingen. Von daher ist es sinnvoll, das eigene Glück nicht davon abhängig zu machen, ob es gelingt, das zu erledigen, was wir uns vorgenommen haben. Der ernsthafte Versuch, ein gutes Ende herbeizuführen, ist in sich auch schon sinnhaft.

Haben wir aber nach sorgfältiger Überlegung das ein oder andere gefunden, das wir gerne noch zu einem guten Ende bringen möchten und von dem wir meinen, dass dies auch möglich ist, dann sollten wir uns auf den Weg machen. Dazu kann es sinnvoll sein, sich Weggefährten zu suchen. Gute Freunde, aber auch »Profis«, Berater oder Therapeutinnen, können hier zeitweise hilfreich sein. Und es ist wichtig, dieses zu Erledigende nicht auf die lange Bank zu schieben, weil sonst die Gefahr besteht, dass man sich später, wenn etwa die körperliche Konstitution nicht mehr ausreicht, Selbstvorwürfe im Sinne von »Hätte ich doch...« macht.

Unerledigtes zu erledigen und einen guten Abschluss zu finden, wird oft auch mit einem Gebot des »Loslassens« verbunden. Manchmal entsteht sogar der Eindruck, endlich nicht mehr schmerzlich an Offengelassenes und nicht vollständig Gelungenes zu denken, sei quasi die Voraussetzung für ein gelingendes Zugehen auf den Tod. Ich möchte jedoch vor dieser und allen anderen Normierungen der großen letzten Aufgabe warnen. Während für den einen das Bemühen loszulassen richtig sein mag, kann für den anderen genau das Gegenteil, ein haderndes und unwilliges Zurücklassenmüssen, die richtige Gangart sein!

Rückschau – was war und was bleibt

Die Tiefenpsychologie beinhaltet als zentrales Element die Wertschätzung der »Gewordenheit« jedes einzelnen Menschen. Sie weist uns darauf hin, dass wir alle auch Produkt unseres jeweils einzigartigen Lebenswegs sind. »Was wirklich zählt, ist das gelebte Leben«, so nannte die bekannte Tiefenpsychologin Verena Kast 2010 ein wichtiges Buch.[15] Seinen Lebensweg immer wieder einmal bewusst an sich vorbeiziehen zu lassen, sich vielleicht verloren gegangene Teile unserer Biografie wieder anzueignen, etwa in Gesprächen in der Familie oder mit Freunden oder auch in der Betrachtung alter Fotoalben, hat heilsamen und Identität stiftenden Wert. Es versichert uns, wer wir wirklich sind, und macht uns durch die Erinnerung an unsere Entscheidungen, an das uns Widerfahrene, an das, was uns gelang oder auch misslang, unsere Einzigartigkeit deutlich. Dies gilt auch oder vielleicht sogar erst recht, obwohl die Verluste, die in einer solchen Erinnerungsarbeit zwangsläufig bewusst werden, uns manchmal auch melancholisch stimmen können. Eine bewusste Betrachtung des Lebens als ständiges Abschiednehmen von Liebgewonnenem bereitet uns auf die letzten Abschiede vor, die im Tod auf uns warten.

Zunächst blicken wir in einem Rückblick vor allem auf das sichtbar Geschaffene, etwa wenn ein Haus gebaut wurde, wir in der Arbeit etwas Wichtiges geleistet haben oder auch karitatives oder politisches Engagement etwas bewirkt haben. Die Rückschau unter einem tiefenpsychologischen Gesichtspunkt macht uns aber auch deutlich, wo wir selbst mit unserem Wesen Spuren und Eindrücke hinterlassen haben, wo etwas geblieben ist, an dem wir Anteil hatten, oder gar sich weiterentwickelt hat. All jene Menschen, mit denen wir auf unserem Lebensweg in engerem Kontakt waren, wurden mehr oder weniger von uns beeinflusst, auch wenn wir dies nie bewusst vorhatten. Beziehungen zu anderen sind immer eine gegenseitige Einflussnahme mehr oder weniger großen Ausmaßes. Sich auf einen anderen Menschen zu beziehen, wenn auch nur kurz und mit wenig Achtsamkeit auf die dabei ablaufenden zwischenmenschlichen und innerseelischen Prozesse, bedeutet stets eine kleine Veränderung des seelischen »Ausgangszustands« beider Beteiligten. Das leuchtet uns bei wirklich nahen Beziehungen wie Eltern-Kind-Beziehungen oder Lebenspartnerschaften unmittelbar ein, ist aber auch bei weniger intensiven Begegnungen der Fall, wenn auch sublimer und nicht ganz unmittelbar wahrnehmbar.

Unsere Spuren im Leben und im Inneren unserer Mitmenschen sind das, was von uns bleibt, jenseits aller materiellen Hinterlassenschaften. Und diese Menschen beeinflussen wiederum andere, so dass das entsteht, was der amerikanische Psychoanalytiker Irvin D. Yalom einen »Welleneffekt« nannte: Ein kleiner Anteil von uns wird von einer Welle zur anderen immer weitergetragen.

Tod und Sinn

Wenn wir uns unserer Endlichkeit stellen wollen, kommen wir nicht um die Frage herum, ob unser Leben sinnvoll war oder nicht oder ob gar durch die Tatsache des Sterbenmüssens alles Getane und Erlebte seines Sinnes beraubt wird. Man könnte sogar umgekehrt behaupten, die Tatsache des herannahenden Todes zwingt uns dazu, uns diese Frage zu stellen und sie für uns zu beantworten. Der Weg zum Tod wird durch diese Arbeit der Sinnsuche zu einem Weg zum Sinn. Der sterbende Mensch ist ein vom Tod nach dem Sinn Befragter (dies könnte ein Sinn des Todes überhaupt sein), und wir sind aufgerufen, darauf zu reagieren, wenn wir nicht an einem Grundthema unseres menschlichen Seins vorbeileben und daran seelisch leiden wollen.

Die Sinndeutungen religiöser Traditionen können gute Zugänge ins Sinnlabyrinth darstellen, doch viele Menschen fühlen sich von diesen Vorschlägen heute nicht mehr getragen, können wenig mit einer bloßen Imitation einer vorgegebenen Sinnkonstruktion anfangen. Auch den Absolutheitsansprüchen Glaubens- oder ideologischer Sinndeutungen wird gerade in Deutschland, wo kollektive Sinnvorgaben zu verheerendem Elend geführt haben, zunächst einmal – und das ist gut so – misstraut. Vielmehr sind wir als »moderne Menschen« aufgerufen, selbst eine Antwort auf die Sinnfrage zu finden, die nur für uns gültig ist.

Dabei ist es nützlich, zwischen einem »kleinen« und einem »großen« Sinn zu unterscheiden. Im Kleinen geht es um den alltäglichen Sinn von Handlungen. Wir können uns fragen, ob es Sinn macht, heute einkaufen zu gehen, ein nettes Gespräch mit Nachbarn zu führen, in den Urlaub zu fahren, aber auch zu heiraten oder diesen oder jenen Beruf zu ergreifen. Den Sinn solcher Lebensaspekte erfährt man aus einem bei achtsamer Innensicht erfahrbaren unmittelbaren Sinn*erleben*. Die jeweilige Tätigkeit erfüllt uns mit Befriedigung und Zufriedenheit. Vor allem schöpferische Handlungen, etwas zu erschaffen oder zu entwickeln – sei es ein Bild, eine Idee oder eine Beziehung zu einem Menschen –, können hier besonders wertvoll sein. Diese oft kurzen und flüchtigen Sinnerlebnisse sind für unser Wohlbefinden im Alltag wichtig, und auch in der Zeit des Zugehens auf den Tod sind wir aufgerufen, solange es geht, etwas »kleines Sinnhaftes« zu tun. Solange es geht...

Wenn zunehmende Gebrechlichkeit mehr und mehr das aktive Gestalten von Sinnbezügen verhindert, sind wir, um nicht in eine Sinnkrise zu stürzen, auf den »großen Sinn« verwiesen. Dies meint unsere übergeordnete, auf das Ganze unserer Existenz bezogene Sinnhaftigkeit. Es geht um die sogenannten »großen Fragen« wie: »Woher komme ich?«, »Wohin gehe ich?«, »Was ist der Mensch?« usw. Wenn auch nicht genau in derselben Weise, so werden doch alle Menschen von diesen großen Themen immer mal wieder »heimgesucht«, besonders in Krisenzeiten. Im Gegensatz zu den Erlebnissen des »kleinen Sinns« gibt es auf diese Fragen jedoch keine abschließende Antwort. Der Sinn der Sinnfrage liegt hier in der Frage selbst, in der Beschäftigung mit diesen Fragen, im behutsamen Aufstellen (vielleicht vorläufiger) persönlicher Antwortversuche und im Eingeständnis, es wirklich »nicht zu wissen«. Auch dies – das Sich-eingestehen-Können, dass man keine wirkliche Antwort auf diese Fragen gefunden hat, dass es vielleicht, wie manche große Philosophen meinen, gar nicht möglich ist, eine abschließende Antwort zu geben – kann eine für den sterbenden Menschen befriedigende und versöhnliche Einsicht sein.

Sich aussöhnen – Ja und vielleicht auch Nein

In einem (zwischen-)bilanzierenden Rückblick auf unser gelebtes Leben stoßen wir immer wieder auf Unrecht, das uns widerfahren ist. Sei es, dass es das Schicksal nicht gut mit uns meinte oder dass andere Menschen uns das Leben schwer gemacht haben, sei es, dass auch wir anderen gegenüber schuldig geworden sind. Jeder von uns hat Ungerechtigkeit, vielleicht sogar Böswilligkeit anderer schon einmal erlebt. Auch diese Erfahrungen gehören oft zum Offengebliebenen und Unerledigten, und auch hier finden wir nicht selten einen ideologischen »Zwang zur Versöhnung«. Nicht selten werden Menschen sogar im Sterbebett noch zur Versöhnung aufgefordert, mit der dahinterstehenden Idee, nur dadurch könne ein »guter Tod« erreicht werden. Die persönliche Lage und Sicht des Einzelnen wird dabei oft übergangen, und die »Erlaubnis«, auch angesichts des Todes negative Emotionen haben zu dürfen, wird selten erteilt.

Umgekehrt ist es für diejenigen, die sich selbst schuldig fühlen, wertvoll und wichtig, sich bei anderen für Unrecht, das sie ihnen angetan haben, entschuldigen zu können oder vielleicht sogar die Möglichkeit zu haben, es wiedergutzumachen. Auch wenn Wiedergutmachung kein Ungeschehenmachen ist, fühlen wir uns vielleicht freier und erleichtert. Wir müssen jedoch berücksichtigen, dass andere uns diese Aussöhnung auch verwehren könnten, dass wir möglicherweise den Weg auf den Tod hin schuldbeladen gehen müssen.

Manchmal ist aber eine innere Aussöhnung mit sich selbst viel wertvoller als eine äußere Versöhnung, auch angesichts des Lebensendes, eine Aussöhnung, die bedeutet, sich auch mit den dunklen Seiten der eigenen Persönlichkeit zu verbinden und diese auch als zu sich gehörig anzunehmen. Jung spricht hier vom persönlichen »Schatten« eines jeden Menschen und meint damit diejenigen Anteile unserer Seele, die wir vor uns selbst verbergen und erst recht den anderen auf gar keinen Fall zeigen möchten. Ein ehrlicher Lebensrückblick macht sie uns unter Umständen bewusst und zwingt uns zur Auseinandersetzung mit ihnen. Diese mündet selbstverständlich nicht in einer nun ausschließlich positiven Sicht auf unsere Schattenseiten, sondern, wenn alles gut läuft, in einem selbstkritisch-annehmenden Kontakt zu diesen.

Auch unser Tod und die damit einhergehenden Ängste sind Bestandteile unseres Schattens. Eine tiefenpsychologische »Sterbearbeit« verspricht also – im Gegensatz zu manch religiöser, »esoterischer«, aber durchaus auch psychologischer Heilslehre – keine Angstfreiheit im Angesicht des Todes. Vielmehr müssen auch die Todesangst und der Todesschrecken als Schattenaspekte akzeptiert oder, wie manche sagen würden, auch »integriert« werden. Auch sie sind zu uns gehörende Selbstanteile, die nicht verleugnet werden dürfen.

Im Schatten befindet sich, so Jung, aber auch das ungelebte Leben: das, was nicht getan und erreicht werden konnte, das, was das Schicksal uns verwehrte. Eine annehmende Beziehung zum Schatten bedeutet auch ein manchmal schmerzliches bleibendes Wissen um diese Schattenaspekte. Es geht hier bereits um das für die Tiefenpsychologie Jungs so wichtige Ziel einer wirklichen Ganzheit, die das Dunkle wie das Helle, das Positive wie das Negative umfasst. Dunkel und Hell werden dann eben nicht in einem Grauton aufgelöst, sondern bleiben als Gegensätze unserer Psyche bestehen, werden jedes für sich anerkannt und gewürdigt. Das taoistische Yin-Yang-Symbol drückt diese Idee wohl am perfektesten aus. Im vierten Kapitel werde ich mich diesem Thema noch einmal gesondert zuwenden.

Den Schatten annehmen zu wollen, kann sich auch nach außen richten: als persönlicher Wunsch – manchmal ist es ein regelrechtes Verlangen, ein innerer Drang – nach Aussöhnung mit denjenigen, die uns Unrecht getan haben, ein Wunsch, der

Abb. 5: Yin und Yang

auf jeden Fall ernst zu nehmen ist. Angesichts des Sterbenmüssens ist es nicht selten, dass die Bedeutung früher wichtig genommener Verletzungen und Kränkungen weitgehend verschwindet und Vergebung möglich wird.

Jede dieser Möglichkeiten des Sich-Aussöhnens sollte wahrgenommen werden. Allerdings ist eben auch zu berücksichtigen, dass nicht alles Unrecht vergeben werden kann. Manches muss und darf bis zum Ende mit negativen Emotionen behaftet bleiben. Sich auch dies zuzugestehen, sich auch auf der letzten Wegstrecke negative Emotionen zu erlauben, bedeutet oft eine Erleichterung, die durch eine nicht wirklich authentische Aussöhnung oder eine nur Pseudo-Vergebung nicht erreicht werden kann.

Und schließlich gibt es noch die anderen, die gerne eine Aussöhnung mit uns herbeiführen möchten. Auch hier gilt die Regel, dass es für die letzten Dinge keine Regel geben darf. Ein vielleicht letzter Kontakt auch zu Menschen, gegenüber denen wir negative Emotionen haben, kann aber durchaus hilfreich sein, um »in Frieden« voneinander Abschied zu nehmen, und sollte daher in Erwägung gezogen werden. Bei solchen gefühlsmäßig meist hoch aufgeladenen Situationen ist dann die Anwesenheit Dritter von Nutzen.

Es kann allerdings nicht die Pflicht auf dem letzten Lebensweg sein, sich mit allen, die dies wünschen, zu versöhnen. So wie wir selbst es aushalten müssen, mit unseren Schattenseiten konfrontiert zu werden, so müssen wir unter Umständen auch anderen zumuten, mit ihrer Schuld aufgrund von begangenem Unrecht fertigzuwerden, wenn der Freispruch einen zu hohen Preis für uns hätte. Was bleibt, ist dann eben nicht nur positives Gedenken an den Verstorbenen, sondern auch eine gehörige Portion an Unabgegoltenem, ohne dass daraus auf eine moralische Fehlleistung geschlossen werden dürfte.

Was hinterlassen?

Neben dem emotionalen Gehalt der Beziehungen hinterlassen wir vielleicht auch materielle Dinge, die angesichts unseres Todes oftmals »archetypisch aufgeladen«, d. h. mit einer hohen Symbolbedeutung versehen sein werden. Dies sollten wir berücksichtigen, wenn es darum geht, was mit persönlichen Dingen, mit wertvollen Dingen oder mit Geldsummen zu geschehen hat.

Ein Symbol verweist aus tiefenpsychologischer Sicht immer auf etwas Hintergründiges, das mit Worten nicht wirklich auszudrücken ist. Die Jung'sche Psychoanalytikerin Brigitte Dorst schreibt dazu: »Wir sind in unserem Alltag umgeben von Symbolen. Ganz selbstverständlich gehen wir mit ihnen um, reagieren auf sie, benutzen sie im Umgang miteinander und mit der Welt. Fernsehen, Film, Zeitungen, die Werbung senden symbolische Botschaften an das Bewusstsein und das Unbewusste, ebenso tun dies Gegenstände und Handlungen.«[16] Diese Symbolträchtigkeit ist vielen Menschen nicht bewusst; manchmal wird sie aber auch durchaus berechnend eingesetzt.

Einem Menschen etwas Bestimmtes zu hinterlassen, kann also ein Weg für uns sein, etwas mitzuteilen, das wir eventuell sprachlich nicht zu vermitteln vermögen oder das bis nach dem Eintritt unseres Todes warten soll. Dies gilt auch für die Entscheidung, jemandem nichts oder nur wenig zuzuteilen, jemandem etwas vorzuenthalten oder zu versagen. Testamentarische Streitigkeiten sind nicht selten Auslöser tiefer seelischer Krisen und können Familien für immer entzweien. Hier geht es eben nicht nur um Gier und Besitzstreben, es geht auch um das Symbolhafte der Hinterlassenschaft, um alte Gefühle des Zu-kurz-Kommens oder Nicht-gesehen- oder gar Nicht-geliebt-Werdens, die durch die Symbolkraft des Erbes ausgelöst werden können. Gleichzeitig sind Erbschaften für viele Menschen auch eine gute Gelegenheit, wenigstens zu versuchen, Wiedergutmachung zu leisten oder etwas Bleibendes zu hinterlassen. Die in Deutschland immer wichtiger werdenden Stiftungen sind dafür ein beredtes Beispiel.

Neben den finanziellen gibt es natürlich auch ideelle Vermächtnisse. Dies sind oft einzelne, durch ihre Bedeutung für unser eigenes Leben symbolhaft aufgeladene Gegenstände oder auch schriftliche Mitteilungen, die wir bestimmten Menschen zugedenken. Eine schöne Szene hierzu findet sich in Joanne K. Rowlings *Harry-Potter*-Zyklus, als der verstorbene Zauberer Prof. Dumbledore den drei Helden Hermine, Ron und Harry als sein Vermächtnis jeweils genau das hinterlässt, was sie später in höchster Not am meisten brauchen. Dies ist wohl die hohe Kunst des Hinterlassens: Denjenigen, die nach uns weiterleben, dasjenige mit auf ihren Weg zu geben, das sie in ihrer Entwicklung fördert.

Ob wir durch die symbolische Bedeutung der Hinterlassenschaft auch Rache, Enttäuschung oder Ablehnung kommunizieren wollen, müssen wir im Endeffekt mit uns selbst ausmachen, sollte aber dann zu einer bewussten und in Verantwortung getragenen Entscheidung werden. Die negativen, aber vor allem auch die positiven Symbolwirkungen sind hier allerdings nicht zu unterschätzen. Sie beeinflussen in hohem Maße den Trauerprozess, aber auch das Gedenken an einen Verstorbenen.

Sich an Vorbildern orientieren: Wie sterben die anderen?

Wir alle haben unsere ganz eigene, höchst persönliche Sicht von Tod und Sterben, und diese hat vielfältige Wurzeln: Seit unserer Kindheit sind wir immer wieder mit dem Tod geliebter Menschen oder auch dem von Tieren konfrontiert worden, und wir beobachten, wie andere, vielleicht »große« Menschen auf Schicksalsschläge reagieren. Wir lernen dabei viel über den Umgang mit der menschlichen Sterblichkeit und darüber, wie man Tod und Sterben in das eigene Selbst- bzw. Weltbild integrieren könnte. Hinzu kommt die beständige Konfrontation mit dem Todesthema in den Massenmedien, in Filmen, Nachrichten und Zeitungen, die, für uns mehr oder weniger bewusst, Einfluss ausübt.

Seit Anbeginn des Kunstschaffens finden wir in Malerei, Theater und vor allem in der Literatur »modellhafte« Darstellungen des Sterbens anderer Menschen. Ich möchte in diesem Zusammenhang nur beispielhaft auf einen Meister dieses Genres hinweisen, den russischen Schriftsteller Leo Tolstoi (1828–1910), etwa in seinem kleinen Büchlein *Der Tod des Iwan Iljitsch*. Auch die großen Religionen sind dominiert von Erzählungen und bildlichen Darstellungen des Sterbens ihrer Gründer. So gibt es etwa in unseren Kirchen unzählige Bildnisse des leidenden und toten gekreuzigten Jesus, während sich in der Ostkirche häufig Bilder des siegreichen Jesus am Kreuz finden. Im Buddhismus werden viele Statuen des gelassen sterbenden, auf den rechten Arm gestützten liegenden Buddha verehrt, der nach seinem Tod ins Nirwana eingeht (siehe Abb. 6, S. 43).

Im Zeitalter der Massenmedien sind die Vorstellungen der Menschen von einem guten oder schlechten Tod jedoch stark bestimmt von den Bildern in Fernsehen, Film und den Printmedien. Dabei sind vor allem die Spielfilme und Serien höchst prekäre »Lernfelder«, wie denn das Sterben nun ablaufen wird. Eines steht jedenfalls fest: Das in Filmen gängige Sterben, das spätestens im Nachmittags-Fernsehprogramm beginnt und die filmische Dar-

Abb. 6: Der liegende Nirwana-Buddha

stellung dominiert – leise Abschiedsworte, Verdrehen des Blickes nach oben, Wegdrehen des Kopfes und ruhiges Ausatmen, egal welche Todesursache auch zugrunde liegt – hat wenig mit der Realität zu tun.

Vor allem die Serien und Actionfilme zeigen das Sterben vieler Menschen überdeutlich – manchmal fallen sie um »wie die Fliegen« –, doch das Sterben selbst wird in keiner Weise irgendwie thematisiert, es wird lediglich mit dem Recht in Verbindung gebracht, sich zu rächen und dafür weitere Todesfälle »herbeizuführen«. Die massenweisen Toten bleiben anonym, ihr Sterben und die Folgen ihres Todes etwa für ihre Familien kommen in den Drehbüchern nicht vor.

Dieses Genre der Action-, Horror- und Kriegsfilme, das die filmischen Bilder vom Sterben dominiert, wird in jüngerer Zeit jedoch glücklicherweise ergänzt durch kleinere filmische Produktionen, die sich den Themen Sterben und Trauer mit einer neuen, wohltuenden Ernsthaftigkeit nähern und die – und das zeigt den

Bedarf – aber durchaus eine gewisse Publikumsbeliebtheit erreichen. Als Beispiele seien hier z. B. Doris Dörries *Kirschblüten – Hanami* (2008), Sophie Heldmans *Satte Farben vor Schwarz* (2010) oder Andreas Dresens *Halt auf freier Strecke* (2011) genannt, die, jeweils mit unterschiedlichen inhaltlichen Schwerpunkten und verschiedenen künstlerischen Mitteln, das Thema Tod so in Szene setzen, dass die Zuschauer daraus Impulse zur Weiterentwicklung eigener Sichtweisen bekommen können.

Es gibt allerdings auch öffentliche Darstellungen, vielleicht auch Inszenierungen des eigenen Sterbens außerhalb der filmischen Unterhaltungsindustrie. Es sind dann meist Prominente, die den Journalisten und damit der Bevölkerung erlauben, Anteil an ihrem Sterbeprozess zu nehmen. Zu nennen ist hier etwa der deutsche Universalkünstler Christof Schlingensief (1960–2010). Nach der Diagnose seiner Krebserkrankung schrieb er Bücher, gestaltete Kunstwerke, hielt Vorträge und gab zahlreiche Interviews zu seiner, dem Sterben ausgesetzten inneren und äußeren Situation. In vielen Auftritten machte er die Erkrankung und den Tod zum Thema. Er provozierte damit, erregte, wie er selbst immer wieder betonte, aber auch Missgunst und gleichzeitig Hochachtung und bewältigte auf diese Weise wohl ein Stück weit seine eigenen existenziellen Nöte.

Weitere Beispiele für eine »Veröffentlichung« des eigenen Sterbeprozesses und die Intention, die durch das eigene Sterben erregte öffentliche Aufmerksamkeit zu »nutzen«, um eine Botschaft zu vermitteln, sind z. B. der amerikanische Informatikprofessor Randy Pausch (1960–2008) mit seiner zunächst im Internet und dann in Buchform weltweit beachteten »Last Lecture«, aber auch der ehemalige Spiegel-Starreporter Tiziano Terzani (1938–2004), der kurz vor seinem Tod lange Gespräche mit seinem Sohn führte, um diese später zu veröffentlichen (*Das Ende ist mein Anfang*[17]).

Im Zusammenhang mit einem öffentlichen Sterben ist aber vor allem auch der kürzlich heiliggesprochene Papst Johannes Paul II. (1920–2005) zu nennen, der in machtvollen Bildern körperlichen Leids der gesamten Weltbevölkerung seinen Sterbeprozess gezeigt, ja vielleicht sogar zugemutet hatte. Seine zunehmende Gebrechlichkeit konnte im Detail mitverfolgt werden, sein schrittweiser Abschied von für ihn so wichtigen und für gesunde Menschen so selbstverständlichen Fertigkeiten wie Gehen oder Sprechen wurde von ihm nicht versteckt, sondern im Gegenteil zur öffentlichen Betrachtung freigegeben. Wie Schlingensief wurde auch Johannes Paul II dafür kritisiert, aber auch bewundert. Auch wenn die genauen Beweggründe für sein öffentliches Sterben nicht klar sind, kann man sagen, dass die Bilder des hinfälligen und fast schon leblosen Papstes ihre Wirkung wohl nicht verfehlt haben und einen ganz entscheidenden Beitrag für eine wirkliche Enttabuisierung von Gebrechlichkeit und Tod leisteten.

Durch diese kurzen Darstellungen soll das öffentliche Sterben aber natürlich nicht zu einer Norm stilisiert werden. Auch für das zurückgezogene Sterben eines Menschen, der der Welt schon lange entsagt hat, finden wir Beispiele. Bleiben wir noch einen Moment im Vatikan: Papst Benedikt XVI. etwa lebt uns eine völlig andere Strategie im Umgang mit körperlichen Leiden vor, die nicht weniger beachtenswert ist als die seines Vorgängers. Bevor seine gesundheitliche Situation das Ausüben seiner päpstlichen Pflichten maßgeblich beeinträchtigte, zog er sich rechtzeitig aus dem Amt und damit vor allem aus der öffentlichen Wahrnehmung zurück. Auch diese Umgangsweise mit den »Vorboten« des Todes, der Gebrechlichkeit, ja des beginnenden Siechtums, wurde in den Medien sowohl bewundert als auch kritisiert. Benedikt machte schließlich etwas, das es in der Jahrtausende währenden katholischen Geschichte noch nie gab: Er zog sich (»aus gesundheitlichen Gründen«) aus dem Amt zurück.

Aus diesem äußerst unkonventionellen Akt eines ansonsten eher als konservativ einzuschätzenden Papstes können zwei Dinge geschlussfolgert werden: Zum einen macht uns Benedikt klar, dass die Entscheidung über das »Wie« der letzten Lebenszeit eine höchst subjektive, individuelle und an keinen Normen und Vorgaben auszurichtende Sache ist. Nur wir selbst sollten entscheiden über die Art und Weise, wie wir dem Tod entgegengehen. Zum anderen zeigt uns das Beispiel aber auch ein Phänomen auf, das sowohl Psychologen als auch Sterbebegleiterinnen immer wieder beobachten: *In conspectu mortis* – in »Sichtweite des Todes« – ist es uns möglich, Konventionen fallen zu lassen und vielleicht authentischer wir selbst zu werden, als wir es jemals gewesen sind. Darauf werde ich später noch näher zu sprechen kommen.

Um nicht zu ausschließlich im katholischen Umfeld zu sein: Aus der Glamourwelt ist z. B. auch von Marlene Dietrich (1901–1992) bekannt, dass sie sich völlig in eine kleine Pariser Wohnung zurückgezogen hatte und kaum öffentliche Beachtung mehr bekam. Sie sah nach eigenen Worten schon lange nicht mehr aus dem Fenster, zeigte sich niemandem mehr, lehnte sogar den Besuch ihres Ex-Filmkollegen und damaligen US-Präsidenten Ronald Reagan ab – Telefonate waren das Maximum – und nahm in wenigen letzten, wohl aus Geldnot bestrittenen Interviews kein Blatt mehr vor den Mund. Erst die Meldung ihres Todes 1992 brachte sie ins Gedächtnis vieler Menschen auf der ganzen Welt zurück.

Die eindrücklichsten Erfahrungen machen wir natürlich, wenn wir den Sterbeprozess unserer Nächsten miterleben. Einige Philosophen wie etwa der von den Nazis ermordete Paul Ludwig Landsberg (1901–1944) gehen sogar davon aus, dass wir nur dann wirklich etwas über den eigenen Tod erfahren können, wenn wir einen uns nahen Menschen im Sterben begleiten, weil darin auch zumindest ansatzweise ein »Mitsterben« liege. Alles andere müsse reine Theorie und Spekulation bleiben und könne uns nie wirklich berühren.[18]

Im Normalfall werden wir bereits im Kindesalter mit Todesfällen in unserer Umgebung konfrontiert, und was wir in dieser Zeit vor allem in Bezug auf die emotionalen Reaktionen der Sterbenden und ihrer Angehörigen erleben, prägt unser Bild vom Tod maßgeblich. Traumatisierende Erfahrungen sind in diesem Zusammenhang nicht selten und erschweren lebenslang eine angemessene Auseinandersetzung mit dem eigenen Sterben und Tod. Ist dies der Fall, dann sollte über therapeutische Hilfe nachgedacht werden.

Alle erlebten, gelesenen, im Film gesehenen Beispiele des Sterbens anderer machen aber eines deutlich: Blicken wir anhand dieser Erfahrungen nach innen, so wird rasch deutlich, dass es für uns keine Nachahmung, keine Imitation im eigenen Sterbevorgang geben kann und wird. Wir gewinnen wertvolle Anregungen, wie wir selbst unser Sterben gestalten möchten, werden aber nicht der Aufgabe enthoben, unseren »eigenen Tod« zu sterben.

Die Toten in uns: Wir tragen unsere Verstorbenen in unserem Herzen

Was man tief in seinem Herzen besitzt,
kann man durch den Tod nicht verlieren.
JOHANN WOLFGANG VON GOETHE[19]

Wenn wir selbst dem Tod ins Angesicht sehen, dann werden, so lehrt es die Tiefenpsychologie, in uns auch die Bilder derjenigen Menschen in unserem Leben wachgerufen, die diesen letzten Schritt bereits getan haben. Diese Bilder können, wie im vorherigen Kapitel beschrieben, tröstlich oder auch furchterregend sein, je nachdem, wie wir das Sterben dieser Menschen erfahren haben. Darum soll es nun aber nicht mehr gehen. Vielmehr wollen wir uns den *inneren* Bildern unserer Verstorbenen zuwenden, die in uns existieren, unabhängig davon, ob wir vom Sterben dieser Menschen tatsächlich etwas wissen, es gar miterlebt haben oder nicht. Die Psychoanalyse spricht in diesem Zusammenhang sehr passend von sogenannten »Internalisierungen«. Das Wort stammt vom lateinischen *internus* und meint damit u. a. so etwas wie eine »Ver-Innerlichung«, d. h. eine Hereinnahme von etwas zunächst Nicht-Zugehörigem ins Innere, in unserem Fall ins Innere unseres Seelenraumes.

Im Prozess der Internalisierung machen wir also etwas zu einem Teil von uns selbst. Dies ist ein wertvoller, aber unter Umständen auch ein gefährlicher Akt unserer Psyche, wie wir noch sehen werden. Zunächst ist aber wichtig zu verstehen, wie aus psychoanalytischer Sicht eine solche Internalisierung überhaupt zustande kommt. Sie geschieht – und das ist bedeutsam – erst durch die Trennung, durch den, eventuell auch nur zeitlichen, Verlust einer für uns wertvollen Beziehung. Wenn etwas oder jemand ständig um uns herum ist, haben wir es anscheinend nicht nötig, ein wirkungsvolles inneres Bild des anderen in uns zu errichten. Erst die Trennung, die schmerzliche Erkenntnis, dass ein uns wichtiger Mensch nicht mehr körperlich präsent ist, »nötigt« unsere Seele zu einer kompensatorischen Maßnahme: Wir erschaffen den anderen und unsere Beziehung zu ihm in unserem Inneren und werden so von seiner tatsächlichen, körperlichen Anwesenheit unabhängig. Diese Fähigkeit zur Internalisierung, zur »Innenverbildlichung« also, muss allerdings gelernt und geübt werden. Dies geschieht üblicherweise bereits in den ersten Lebensjahren, wenn die primären Bezugspersonen in – hoffentlich bekömmlicher – Dosierung immer mal wieder nicht anwesend sind und das Kind langsam und ohne es zu merken deren Bild in sich aufbaut, mit dem es sich dann tröstend über die Zeit der realen Abwesenheit hinwegretten kann.

Auch die Bilder Verstorbener können internalisiert werden. Internalisierungen setzen emotionale Nähe voraus, d. h. diejenigen Menschen, die es schaffen, ein »Teil von uns« zu werden, müssen uns zu ihren Lebzeiten bereits etwas bedeutet haben. Diese Bedeutung, und hier liegt das bereits genannte Risiko des ganzen Prozesses, ist allerdings nicht immer eine (nur) positive. Manche uns nahegekommenen Menschen waren nicht gerade nett zu uns, sie waren entwertend, beleidigend, möglicherweise gar missbrauchend etc. Auch die Bilder dieser Beziehungen tragen wir in uns. Und noch häufiger sind uneindeutige Beziehungskonstellationen, bei denen wir jemanden mögen und gleichzeitig auch nicht, da er einerseits Eigenschaften hat, die wir als angenehm wahrnehmen, wir aber andererseits in bestimmten Situationen die Reaktionen oder Ansichten dieser Person ablehnen. In Bezug auf diese negativen Beziehungsbilder in uns müssen wir achtsam sein, denn sie erschweren unser Leben und machen sich etwa in Selbstabwertungen, wenig Selbstvertrauen oder großem Misstrauen bemerkbar.

Im Großen und Ganzen aber sind die inneren Bilder der von uns gegangenen Menschen eine wichtige und tröstliche Quelle der Auseinandersetzung mit dem Verlorenen. Sie ermöglichen uns, in Kontakt zu bleiben, uns in »inneren Dialogen« mit ihnen auseinanderzusetzen und das Gefühl zu bewahren, trotz des Verlustes nicht völlig verlassen zu sein.

Internalisierungen werden auch durch äußere Bilder symbolisiert. Seit der ägyptischen Hochkultur fertigen Menschen Bildnisse ihrer Verstorbenen an; die Römer nannten sie »Imagines«. Es gibt kleine oder große Gemälde, Skulpturen oder Figürchen, Totenmasken oder, in unserem Kulturkreis, die Sterbebildchen, die noch heute oft am Ende einer Beerdigungszeremonie beim Verlassen des Friedhofes an die Trauernden verteilt werden. Sie stellen ganz konkret eine Einübung in Internalisierung dar, indem wir das Bild des Verstorbenen erst einmal zum Gedenken in die Tasche stecken, um dann, durch beständige »Erinnerungsarbeit«, ein inneres Bild von ihm aufzubauen oder zu festigen.

Die Erfahrung des Todes uns nahestehender Menschen und unser Umgang damit lehrt uns viel über unsere eigene Sterblichkeit und wie wir dieser begegnen können. Es gibt auch die umgekehrte Möglichkeit einer Internalisierung, nämlich als Sterbende auch die (Weiter-)Lebenden in sich zu tragen. Darauf weist uns Helmuth James Graf von Moltke hin, dessen tiefberührender Briefwechsel, den er mit seiner Frau Freya aus dem Nazi-Gefängnis Tegel 1945 bis kurz vor seinem Tod führte, tiefe Einsichten in das bewusste Zugehen auf die letzten Lebensstunden vermittelt. Auf die Bitte seiner Frau, ihren Brief doch bis zuletzt bei sich zu tragen, schreibt er: »Mein Herz, darum bekommst Du auch Deinen Brief trotz Deiner Bitte zurück. Ich trage Dich mit hinüber und brauche dafür kein Zeichen, kein Symbol, nichts. Es ist nicht einmal so, dass mir verheißen wäre, ich würde Dich nicht verlieren; nein, es ist viel mehr: ich weiß es.«[20] Auch die jüdische Weisheit weiß um dieses Phänomen. Dort heißt es: Wer schon viele geliebte Menschen vor sich hat sterben sehen, stirbt selbst leichter, weil er jeweils ein kleines Stück des anderen mit hinübernimmt und der Übergang ins Totenreich so nicht mehr schwerfällt.

Mein Tod und meine Liebe

Wie bist du, Liebe, auf den Blick bereit
bewaffnet, stark und wagend ohne Schwanken,
daß du den Todgedanken,
der doch im Recht ist, weißt mir auszujagen,
um Laub und Blühn aus dürrem Baum zu schlagen.
MICHELANGELO BUONARROTI [21]

»Es gibt nur zwei Themen, über die zu sprechen sich wirklich lohnt«, meint der Theologe und Psychoanalytiker Eugen Drewermann, »die Liebe und der Tod«.[22] »Beide, Liebe und Tod, greifen tief in den Wurzelgrund des Rätsels Mensch«[23], so die inzwischen verstorbene Hildegunde Wöller vor einigen Jahren ergänzend.

In diesem Abschnitt geht es um die Liebe zwischen zwei Menschen. Dass vieles von dem, was wir darüber erfahren können, natürlich auch auf die Liebe zu Tieren und in manchen Teilen auch auf die Liebe zu Dingen oder »Abstraktionen wie Vaterland, Freiheit, ein Ideal usw.«[24] gelten, wird dabei sicher deutlich werden. Unser Bewusstsein davon, dass wir sterben müssen, und das Gefühl der Liebe zu einem anderen Menschen hängen auf geheimnisvolle Weise zusammen. Dieser Zusammenhang, der vielleicht sogar ein Zusammenspiel ist, beschäftigt die Philosophie und die »Schönen Künste« – Dichtung, Musik, Bildende Künste, Theater und heute auch den Film – seit ihrem Bestehen. Wir lernen von ihnen die Vielgestaltigkeit dieser Verbindung: Liebe bis zum Tod, Liebe über den Tod hinaus, Trauer der Liebenden, Tod aus Liebe ... In der Mystik wird der Tod als Durchgang zur wahren Liebe erfahren.

Im Tod und in der Liebe widerfährt uns etwas uns Übersteigendes, das nicht mehr durch bloßes Nachdenken erfasst oder »bewältigt« werden kann. Beides bedeutet für uns Menschen ein immerwährendes Geheimnis, und die Versuche der modernen naturwissenschaftlichen Forschung, Lieben und Sterben biologisch zu begreifen, beides auf hirnelektrische Vorgänge und biochemische Abläufe zwischen Neuronen zurückzuführen, scheitern regelmäßig.

Liebe ist vielleicht auch bereits eine Einübung des Todes, quasi eine kleine Vorstufe des sich selbst Überschreitens und Relativierens. Sabina Spielrein, C. G. Jungs Schülerin und Freundin, wies bereits 1912 auf die Sexualität und den damit verbundenen, zumindest temporären »Tod des Ich« hin, ein Zusammenhang, der in dem bekannten französischen Ausdruck »*La petite mort*«, »der kleine Tod«, als Umschreibung des Orgasmus wohlbekannt geworden ist.

Bei all den unterschiedlichen Spielarten des Liebe-Tod-Zusammenhangs ist vor allem das Überleben eines der beiden Liebenden – oder auch die Angst davor, die von Reiner Kunze als »die größte unserer Ängste«[25] bezeichnet wird – ein sich wiederholender Topos, den Kunze in seinem »Bittgesang« von 1986 in eine einzigartige Dichtung gebracht hat:[26]

Bittgedanke, dir zu Füßen

*Stirb früher als ich, um ein weniges
früher*

*Damit nicht du
den weg zum haus
allein zurückgehn mußt*

Trauer bis hin zur Depression, der Wunsch, dem Verstorbenen »nachzusterben«, wie wir es von Romeo und Julia kennen, oder gar die Inszenierung eines gemeinsamen Todes – es gibt unterschiedliche Arten und Weisen, wie Menschen auf den Tod ihres Liebsten oder ihrer Liebsten reagieren. Filme wie Michael Hankes *Liebe* oder *Die Auslöschung* von Nikolaus Leytner, Romane wie Johanna Adorjáns *Eine exklusive Liebe*[27] und viele andere Kunstgenres beschäftigen sich mit dem drohenden Lebensende eines der beiden Liebenden im hohen Lebensalter. Wie in Adorjáns Roman oder in Sophie Heldmans auf einem realen Geschehen beruhenden Film *Satte Farben vor Schwarz* wird die todbringende Krankheit des einen zum Todesthema beider Liebenden, die dann gemeinsam sterben. Dies entspricht einer Idee aus der japanischen Spiritualität: Beim *shinju*, begehen die Liebenden einen Doppelsuizid, um eine gemeinsame Wiedergeburt oder eine Wiedergeburt im Paradies des »Reines Land Buddhismus« zu begünstigen, und auch bei Emanuel Swedenborg (1688–1772), einem schwedischen Wissenschaftler und Theosophen, gibt es die Vorstellung, dass sich zwei Liebende nach ihrem Tod zu einem Engel vereinigen.

Vor allem gegen die schreckliche Endgültigkeit des Todes kann – so die Hoffnung vieler – die Liebe, die auf Endlosigkeit oder zumindest Zeitlosigkeit angelegt ist, ein Gegengewicht darstellen. »Einen Menschen lieben, heißt ihm sagen: Du wirst nicht sterben!«, schreibt etwa der französische Philosoph Gabriel Marcel (1889–1973). Aus psychoanalytischer Sicht ist hiermit wohl auch die im vorherigen Kapitel beschriebene Internalisierung gemeint, also die Aufnahme zumindest bedeutsamer Teile der Beziehung zum Verstorbenen in die eigene Seele hinein.

In existenziellen Situationen, wie der Tod wohl in deutlichster Weise eine ist, ist es ratsam, »den wunderlichen Mythen der Seele ein aufmerksames Ohr«[28] zu leihen, wie C. G. Jung es in seinen *Erinnerungen* formulierte. Die griechische Mythologie ist, wie die Mythenerzählungen aller Hochkulturen, durchdrungen vom Thema »Liebe und Tod«. Orpheus und seine Liebe zu Euridike ist hier zu nennen, aber besonders auch die Geschichte der beiden Alten, Philemon und Baucis. Von den drei großen Mythen über die Besieger des Todes – Odysseus (durch List), Herakles (durch

Kraft) und Orpheus (durch Kunst) – ist es in erster Linie der Mythos von Orpheus und Euridike, der vor allem wegen seiner Tragik die Herzen der Menschen seit Jahrtausenden berührt. Im Gegensatz zu Orpheus und Euridike gelingt Philemon und Baucis das scheinbar Unmögliche: Durch die Gunst der Götter bleiben sie für immer vereint; als ineinander verschlungene Bäume erhalten sie ihre Zweisamkeit auf ewig.

Aus den mythischen Geschichten erfahren wir, dass es möglich sein könnte, dass die Liebe tatsächlich »niemals aufhört« (1 Kor 13), dem Tod also zu trotzen vermag. Es geht jedoch um eine gewandelte Liebe, um ein anderes Zusammensein, als es noch zu physischen Lebzeiten der Fall war. So wie auch der Traum den Tod nicht kennt, sondern in ihm lediglich den großen Wandler erblickt, so weist uns auch die Mythologie auf den die Liebe wandelnden Aspekt des Todes hin. Er ist eben nicht das Ende der Liebesbeziehung, so könnte man die Mythen prosaisch auslegen, er macht aus ihr etwas anderes, das den Begriff »Liebe« aber noch zu Recht trägt.

Überhaupt enthält die Verknüpfung von Liebe und Tod einen immanenten Wandlungscharakter. Zu spüren ist dies beim Tod eines geliebten Menschen, der die Hinterbliebenen regelmäßig vor eine Wandlungsaufgabe stellt, die nicht selten in einer verstärkten Hin- wenn nicht gar Zuneigung zum Totenreich besteht. Rainer Maria Rilke hat dies wunderbar in seinem Gedicht *Der Tod der Geliebten*[29] aus dem Jahre 1907 ausgedrückt:

Der Tod der Geliebten

Er wußte nur vom Tod was alle wissen:
daß er uns nimmt und in das Stumme stößt.
Als aber sie, nicht von ihm fortgerissen,
nein, leis aus seinen Augen ausgelöst,

hinüberglitt zu unbekannten Schatten,
und als er fühlte, daß sie drüben nun

*wie einen Mond ihr Mädchenlächeln hatten
und ihre Weise wohlzutun:*

*da wurden ihm die Toten so bekannt,
als wäre er durch sie mit einem jeden
ganz nah verwandt; er ließ die andern reden*

*und glaubte nicht und nannte jenes Land
das gutgelegene, das immersüße –
Und tastete es ab für ihre Füße.*

Zu guter Letzt sei noch erwähnt: Die Liebe birgt in ihrer Todesvergessenheit auch eine gewisse Gefahr: sich der eigenen Sterblichkeit nicht mehr zu stellen, die Liebe als Bollwerk gegen ein notwendiges *Memento mori* zu errichten. Veranschaulicht ist dies sehr eindrücklich in dem berühmten Gemälde *Der Triumph des Todes* (ca. 1562), einem monumentalen Gemälde des flämischen Künstlers Pieter Bruegel d. Ä. (1525–1569). Am unteren rechten Bildrand ist ein Liebespaar zu sehen, das sich – inmitten von Mord und Zerstörung – nicht um den Tod kümmert. Liebe ist hier, psychoanalytisch gesprochen, im Dienste der Abwehr, des Vergessenmachens des Todes zu sehen, auch wenn dieser schon »ante portas« steht.

Liebende sollten miteinander über den Tod sprechen und dies gerade dann, wenn der eine sich dem Tod bereits gegenübersieht. Menschen, die ihren Liebsten dies verweigern, lassen sie oft verwirrt und verunsichert im Leben zurück. Wie Jung dem Einzelnen empfiehlt, einen Mythos vom Tod zu haben,[30] empfiehlt es sich auch für Paare, an einem *gemeinsamen* Mythos vom Tod zu arbeiten. Gelegenheiten dazu gibt es etwa im Austausch von Träumen und Geschichten, von den eigenen Vorstellungen über Sterben und Tod und was danach kommt oder in der gemeinsamen Betrachtung von Todes- und Jenseitsdarstellungen in der Kunst, aber auch im Gespräch über Wünsche und Phantasien zu Trauerfeier und Bestattung.

Die letzten Erledigungen planen: Sterbeort und Sterbebegleiter, Sarg und Begräbnis

Die Frage, wo, an welchem Platz, man denn gerne sterben würde, sollte nicht erst überlegt werden, wenn nur noch wenig Zeit entsteht. Sterbemeditationen, wie die in Kap. 3 beschriebenen, weisen uns auf die Notwendigkeit hin, uns dazu eine Meinung zu bilden. Es geht um den Ort im Großen (in welchem Land, in welcher Stadt...) und im Kleinen (zu Hause, in einem guten Hospiz...) und schließlich im ganz Persönlichen (wie sollte der Raum ausgestaltet sein, welche Dinge möchte ich an meiner Seite haben, welche Menschen sollen bei mir sein...). Zu diesen Raum-Überlegungen gehören eventuell auch Düfte oder Klänge, Musik oder auch Fühlbares, wie etwa ein altvertrauter Stein, ein Stück Holz, das vor langer Zeit gefunden wurde, oder ein Stück Stoff einer Kleidung, das positive Assoziationen weckt. Räume und ihre Ausstattung sind für Atmosphären sehr wichtig und haben einen großen Einfluss auf unsere Stimmungen und Emotionen. Psychotherapeutinnen und Psychotherapeuten etwa verwenden viel Denk- und Fühlarbeit auf die Frage, wie denn der Behandlungsraum eingerichtet sein soll, da sie wissen, dass der *Genius loci*, der Geist des Raumes, von besonderer Bedeutung gerade in Krisenzeiten sein kann. Dies ist wahrscheinlich auch dann der Fall, wenn das Bewusstsein gar nicht mehr explizit auf Umgebungsreize zu reagieren imstande ist.

Der 1990 verstorbene deutsche Soziologe und Philosoph Norbert Elias weist in seiner beeindruckenden und berührenden kleinen Schrift *Über die Einsamkeit der Sterbenden in unseren Tagen*[31] auf die Schwierigkeit vieler Menschen hin, mit Sterbenden in guter Beziehung zu bleiben, da der Tod gesellschaftlich so tabuisiert ist. Dies führe, so Elias, dazu, dass Sterbende schon lange vor ihrem physischen Tod nicht mehr am sozialen Leben beteiligt sein können und dass sie nur schwer eine gute Begleitung für ihre letzten Stunden finden.

Eine Umfrage der Bremer Heimstiftung aus den Jahren

2003/2004 ergab, wie wichtig soziale Kontakte für Sterbende sind.[32] Zu den konkreten Vorbereitungen auf die allerletzte Lebensphase gehört daher auch, sich über eine eventuelle Sterbebegleitung Gedanken zu machen. Wie wir gesehen haben, weisen viele Mythologien auf die Bedeutung eines Seelenführers hin, und auch bei den sogenannten »Sterbezimmervisionen«, d. h. bei den spontanen inneren Bildern, die dem Tode nahe Menschen häufig haben, treten unbekannte Personen, Schattenwesen oder auch bekannte Verstorbene auf, um die innere Führung zu übernehmen. Bilder dieser inneren Begleiter sind z. B. der ägyptische Gott Anubis, der griechische Gott Hermes oder auch der christliche bzw. islamische Engel des Todes, der die Sterbenden abholt.

Auch wenn wir noch mitten im Leben stehen, kann es eine Erfahrung von Alleinsein geben, die den Menschen im Innersten trifft. Diese »existenzielle Einsamkeit«, so die Bezeichnung der Philosophen, kann durch den Kontakt zu solchen »inneren Begleitern« gemildert werden – bereits im normalen Lebensalltag, aber eben auch im Sterbebett. Das äußere Pendant dieser inneren Bilder sind diejenigen Menschen, die wir uns konkret um uns wünschen, wenn unsere Zeit gekommen ist. Hilfreiche Fragen, mit denen wir uns beschäftigen können, sind hier z. B.:

- Wer könnte mir in meiner letzten Stunde gut beistehen?
- Was wünsche ich mir von ihm oder ihr?
- Was sollte auf keinen Fall geschehen?
- Wie halte ich es mit Berührungen, mit Schweigen oder mit vielen Worten?
- Soll ich mich gemeinsam mit einem Menschen, den ich liebe, auf den letzten Moment vorbereiten, oder wäre es besser, ausgebildete und freundschaftlich zugewandte Sterbebegleiterinnen, Seelsorger oder Mitarbeiterinnen und Mitarbeiter aus dem Hospiz- bzw. Palliativbereich hinzuzuziehen?
- Möchte ich vielleicht doch lieber alleine sterben, wie es manche spirituellen Richtungen vorschlagen, um nicht unnötig im Diesseits verhaftet zu bleiben?

Jeder von uns kennt die in unserer Kultur üblichen Begräbnisrituale; alle waren wir bereits bei Beerdigungen anwesend und erinnern uns manchmal gerührt, manchmal verstört oder gar ärgerlich an die Worte des Geistlichen oder der Hinterbliebenen, an die Zeremonie oder den Grabschmuck. Allzu oft haben wir den Eindruck, das – eigentlich dramatische – Geschehen, bei dem wir Zeuge sind, habe nur wenig bis nichts mit der verstorbenen Person zu tun, und wir fragen uns, wie das Ganze denn wohl bei unserer eigenen Bestattung ablaufen werde. Gleichzeitig gibt es immer häufiger medial inszenierte große Bestattungsspektakel, wie wir sie in extremen Ausmaßen z. B. nach dem Tod von Prinzessin Diana oder Michael Jackson verfolgen konnten.

Es ist schade, dass negative persönliche Erfahrungen und Fernsehbilder, vielleicht aber auch wenig vorhandenes Wissen über das enorme Spektrum unterschiedlicher Bestattungsformen weltweit viele Menschen resignieren lassen, so dass eine Beerdigung »von der Stange«, vielleicht noch ausgewählt aus den Katalogen der Bestattungsunternehmen, zum Standard wird. Schade ist dies, weil die Beschäftigung mit den eigenen Bestattungswünschen eine Chance darstellt, sich mit den eigenen Konzepten von Sterben, Tod und was danach kommt, auseinanderzusetzen. Beerdigungen und Bestattungsfeiern sind hochsymbolische Akte. »Sage mir, wie du bestattet werden möchtest, und ich sage dir, wer du bist« – dieser Satz ist wohl kaum übertrieben, denn eine ernsthafte Auseinandersetzung mit unserer letzten körperlichen Präsenz in diesem Leben, dem Leichnam, und damit, was mit ihm geschehen soll, berührt unsere tiefsten Seelenschichten – vielleicht ein weiterer Grund, warum viele Menschen davor zurückschrecken. Ich möchte in diesem Unterkapitel dazu ermutigen, sich selbst einen zu sich passenden »Begräbnisstil« zu entwickeln, der vielleicht das eigene Wesen noch einmal abbildet und die höchst persönliche Sicht auf das gelebte Leben und den gestorbenen Tod wiedergibt.

Bestattungsformen gibt es seit Urzeiten, wahrscheinlich seitdem die Menschen sich ihrer selbst bewusst wurden. Gräberfunde reichen bis zu den Neandertalern (vor ca. 60 000 Jahren) zurück; Einzelbestattungen finden sich spätestens seit der Bronzezeit (15. Jh. v. Chr.). Auch Kinder haben, ohne dass sie es jemals lernen mussten, ein Bedürfnis nach einem irgendwie gestalteten Abschied von der »sterblichen Hülle«, etwa eines gefundenen toten Vogels oder eines verstorbenen Haustiers, wollen es vielleicht in eine Schachtel legen und begraben. »Ein Grab ist ein Standpunkt«, meinte einmal der Bestatter und Autor Fritz Roth und warb für eine individualisierte Bestattungskultur, weg von Einheitsgräbern, -särgen und -zeremonien. Zwar gibt es in Deutschland noch immer viele Reglementierungen und Vorschriften rund um die Beisetzung (so ist Deutschland z. B. eines der wenigen Länder mit »Friedhofszwang«, d. h. der Verpflichtung, Sarg oder Urne ausschließlich an dafür zugelassenen Orten beizusetzen), allerdings lockern sich die meist auf Kommunal- oder Länderebene angesiedelten Vorgaben beständig. Dazu haben nicht zuletzt die Ansprüche der muslimischen Bevölkerungsteile beigetragen, die, völlig zu Recht, immer weniger bereit waren, sich den abendländisch-christlich dominierten Normen zu unterwerfen. Die Art der Bestattung, der Ort, der für ein Grab gewählt wird, bzw. wenn auf ein solches verzichtet wird, die vorhandene oder nicht vorhandene Möglichkeit der Grabgestaltung etc., bestimmen natürlich wesentlich die Möglichkeiten der Trauer und des seelischen Kontakts der Hinterbliebenen zu den Verstorbenen.

Was heißt dies aber nun für einen Menschen, der bewusst auf den eigenen Tod zugehen möchte? Zunächst stellt sich die Frage nach dem gewünschten Umgang mit dem Leichnam. In Deutschland kommen Erd-, Feuer- und Wasserbestattungen infrage, wobei der »Trend« eindeutig in Richtung Verbrennung des toten Körpers und Urnenbestattung geht. Einäscherungen des Körpers gibt es historisch bereits seit ca. 3000 Jahren, mit steigender Tendenz, was für die Archäologen auf eine zunehmende Abkoppelung der Seele vom Körper spricht. Bestattungskulte verweisen eben auch auf ein dahinterliegendes Jenseitsbild und auf das sogenannte »Leib-Seele-Problem«, das viele Menschen angesichts des Todes beschäftigt.

Das »Leib-Seele-Problem« geht mit der Frage einher, ob wir, jenseits aller Religionen und Konfessionszugehörigkeiten, in unserem tiefsten Inneren davon ausgehen, dass so etwas wie eine Seele existiert, die durch den Tod des Körpers von diesem zwar getrennt, jedoch nicht mit ihm zusammen zugrunde gehen wird. Schon zu Lebzeiten, z. B. bei psychischen Erkrankungen, stellt sich immer wieder die Frage nach dem Zusammenspiel von Körper und Seele; sie spitzt sich allerdings zu, wenn wir auf den Tod zugehen. Manche Menschen und auch ganze Religionsformen gehen z. B. davon aus, dass der Leichnam ab einem bestimmten Moment, dem meist medizinisch bestimmten »Todeszeitpunkt«, nur mehr ein Stück Stoff ohne eigenständige Bedeutung ist. Er kann zu Organspendezwecken ausgebeutet, verbrannt oder einfach irgendwie entsorgt werden, da er ohne die ihn nun nicht mehr bewohnende Seele per se ohne Wert sei.

In unserem Kulturkreis finden wir aber, wenn wir die Bestattungspraktiken genau betrachten, oft eine, wenn auch unausgesprochene gegenteilige Vorstellung: »Ich möchte nicht von Würmern zerfressen werden, deshalb möchte ich verbrannt werden«, hört man z. B. in festem Ton als Bestattungswunsch geäußert. Aber werde wirklich »Ich« von Würmern zerfressen? Ist mein Körper tatsächlich mein Selbst? Ein zweiter Hinweis auf in unseren Breiten implizit vorhandene Leib-Seele-Vorstellungen ist die bequeme, oft liebevolle Ausstattung der Särge, die den Anschein eines komfortablen Bettes machen, in dem sich gut schlafen lässt.

Folgende Bestattungsmöglichkeiten kennt die menschliche Kultur als Ausdruck ihrer Leib-Seele-Konzepte vor allem:
- Erdbestattung (Begraben des Leichnams, wobei der Ort der Bestattung oft von besonderer Bedeutung ist),
- Feuerbestattung (Verbrennen des Leichnams und Deponieren der Asche an einem bestimmten Ort oder Verstreuen der Asche im Wind, im Wald, auf einer Wiese, in Fluss, See oder Meer),

- Seebestattung (Versenken des Leichnams, heute oft auch einer Urne, an meist vorbestimmten Orten im Meer),
- Baumbestattung (vor allem in schamanischen Traditionen zu findende Befestigung des Leichnams in einem Baumwipfel),
- Luftbestattung (vor allem in der tibetischen Bön-Tradition zu findende rituelle Preisgabe des Leichnams an Geier),
- Diamantbestattung (heute in unseren Breiten zunehmend beliebte Pressung eines Teils der Asche des Verstorbenen zu einem künstlichen Diamanten).

Neben diesen Bestattungsformen gibt es in den Weltkulturen auch unterschiedliche Umgangsweisen mit dem toten Körper, etwa seine Mumifizierung, die zeitweise Aufbahrung und Betrachtung oder Plastination des Leichnams zu wissenschaftlichen oder künstlerischen Zwecken.

Neben der eigentlichen Beisetzung des toten Körpers ist auch die Bestattungsfeier, also das vorausgehende Ritual, ein wichtiges Thema für die eigenen Überlegungen und Entscheidungen. Wie die Beisetzung selbst, sind auch Abschieds- oder Übergangsrituale und deren oft sehr aufwändige Ausgestaltungen ein uraltes Menschheitsvermächtnis. Neben der Bedeutung als Trauerritual für die Hinterbliebenen ist die Bestattungsfeier auch eine Möglichkeit für die Verstorbenen selbst, sich zu verabschieden und den Anwesenden noch ein letztes Mal etwas über sich mitzuteilen, z. B. über den Wunsch nach einer bestimmten Musik, nach bestimmten vorzutragenden Texten, aber auch nach der Gestaltung der Räumlichkeiten für die Feier. Vielleicht wollen Sie, im festen Wissen um die Gründe, völlig auf eine solche Feierlichkeit verzichten? Oder haben Sie schon mehr oder weniger konkrete Vorstellungen bezüglich des Ablaufes der Bestattungsfeier? Soll es eine religiöse oder eine säkulare Feierlichkeit geben?

Bestattungsriten sind einige der wenigen zeitlichen und räumlichen »Treffpunkte« von Lebenden und Toten. Die Psychologie weiß heute, dass sie für die Verarbeitung von Verlust und Tod von enormer Bedeutung sind, und nahezu alle spirituellen Traditionen gehen davon aus, dass sie, in welcher Weise auch immer, für den Verstorbenen selbst von Bedeutung sein könnten. Auch ohne auf religiöse Vorstellungen zurückzugreifen, ist klar: Für den Sterbenden bzw. den Menschen, der sich auf seinen Tod vorbereitet, ist die eigene (Mit-)Gestaltung der Verabschiedungszeremonien, die es auch in unserem Kulturkreis gibt, wichtig. Sie kann für ihn eine Gelegenheit zu einer »Seelenhygiene« sein, die der Bedeutung für die Trauernden in nichts nachsteht. So spricht man denn heute auch von der »Sterbetrauer« und meint damit den Trauerprozess der Schwerstkranken und Sterbenden, der in vielen Punkten dem der Hinterbliebenen gleicht. Ich werde in den folgenden beiden Kapiteln noch ausführlicher darauf zu sprechen kommen.

Die Überlegung, welche Bestattungsformen und -feiern wir für unseren toten Körper wünschen, gibt deutlich Aufschluss über das oft wenig bewusste Todeskonzept, mit dem wir uns auf den letzten Weg machen. Und sie gibt uns Gelegenheit, anhand der Entscheidungen, die anlässlich unserer möglichen Bestattungsfeier, des Begräbnisses und auch der Grabgestaltung zu treffen sind, dieses Konzept ein letztes Mal einer kritischen Überprüfung zu unterziehen: Passt das, was für Feier und Beerdigung geplant ist, tatsächlich zu mir und meiner Sicht vom Tod und von dem, was danach kommt? Passt die geplante Grabstätte zu alldem oder ist sie nur der Familientradition geschuldet? Wie steht es mit dem Grabstein? In vielen deutschen Städten bieten Bildende Künstler Schwerstkranken Unterstützung bei der Gestaltung eines höchst individuellen und vielleicht sogar gemeinsam geschaffenen Gedenksteins, der dann zum einen das Gedenken an die dort bestattete Person tatsächlich wachhält und zum anderen auch tatsächlich mit ihr selbst und ihrem früheren Leben zu tun hat.

All diese Überlegungen zu Bestattungsarten und -ritualen und die daraus folgenden Entscheidungen können alleine gefällt und schriftlich niedergelegt oder mündlich weitergegeben werden. Sie bedeuten eine wahrhaftige und sehr konkrete Meditation über unser vergangenes Leben, über das, was wir gerne hinterlassen würden, und über das, was nun, nach unserer eigenen Sicht, noch kommen kann. Sie können aber auch Gegenstand wichtiger Gespräche vor allem zwischen Partnern, aber auch zwischen Eltern und Kindern sein und bewirken nicht selten eine Vertiefung der Beziehungen zueinander und ein tieferes Verständnis des anderen. Gleichzeitig erleichtern sie den Hinterbliebenen ihre Trauerarbeit, denn sie wissen nun, was im Sinne der oder des Verstorbenen zu tun und zu organisieren ist. Viele Bestattungsinstitute bieten im Übrigen für diejenigen, die keine verlässlichen Menschen mit ihren letzten Wünschen beauftragen können, Vorsorgeverträge an, die im Todesfall in Kraft treten und die den gewünschten Ablauf garantieren.

3. Das Sterben üben

Ich liebe meines Wesens Dunkelstunden,
in welchen meine Sinne sich vertiefen;
in ihnen hab ich, wie in alten Briefen,
mein täglich Leben schon gelebt gefunden
und wie Legende weit und überwunden.

Aus ihnen kommt mir Wissen, daß ich Raum
zu einem zweiten zeitlos breiten Leben habe.
Und manchmal bin ich wie der Baum,
der, reif und rauschend, über einem Grabe
den Traum erfüllt, den der vergangne Knabe
(um den sich seine warmen Wurzeln drängen)
verlor in Traurigkeiten und Gesängen.
RAINER MARIA RILKE[33]

Der Tod und unser höchst persönlicher Weg auf ihn zu stellen eine enorme Herausforderung für uns Menschen dar und betreffen zutiefst unsere Freiheitsliebe und unsere Sehnsucht nach Unabhängigkeit. Der Todeszeitpunkt und die Art unseres Sterbens liegen nicht oder nur äußerst eingeschränkt in unseren Händen. Sie haben etwas Schicksalhaftes an sich, dem man sich nicht entziehen und mit dem man lediglich umgehen lernen kann. Insbesondere von den französischen, existenzialistischen Philosophen lernen wir aber, dass die menschliche Freiheit sich nicht in den mehr oder weniger eingeschränkten Möglichkeiten äußeren Handelns erschöpft. Vielmehr geht es darum, wie wir uns diesen von Krankheit und Tod bestimmten Gegebenheiten gegenüber positionieren, welche Einstellungen und Gefühle wir ihnen gegenüber zu entwickeln in der Lage sind. Und dann kann uns die

Todesnähe sogar zu mehr Freiheit verhelfen, da das Sich-Einlassen auf den Sterbeprozess oft mit einem Abstreifen alter Normen, Werte und Pflichten einhergeht. Es geht darum zu lernen, sich damit auseinanderzusetzen, was der körperliche Verfall beim Zugehen auf den Tod bedeutet. Dazu ist es sinnvoll, rechtzeitig die richtige innere Haltung einzunehmen und einzuüben. Darum soll es in diesem Kapitel gehen.

Das Sterben vorbereiten – Tod und Traum

Es sandte mir das Schicksal tiefen Schlaf.
Ich bin nicht tot, ich tauschte nur die Räume.
Ich leb in euch, ich geh in eure Träume,
da uns, die wir vereint, Verwandlung traf.
MICHELANGELO BUONARROTI[34]

Die Tiefenpsychologie hat im Laufe ihrer Entwicklungsgeschichte vor allem zwei Methoden erarbeitet und immer weiter verfeinert, sich mit zunächst Unverständlichem, Angstmachendem oder wenig Bewusstem auseinanderzusetzen: die Arbeit mit Träumen sowie das Üben und Verstehen von Imaginationen. Beide Methoden können auch einem Menschen, der sich auf Sterben und Tod einstellen möchte, unschätzbare Dienste erweisen, deshalb sollen sie in diesem Kapitel dargestellt werden.

Die wertschätzende Beachtung der eigenen Traumwelt ist ein wichtiges Element der Kultur- und Religionsgeschichte der gesamten Menschheit. In den Mythen der großen Weltreligionen – Buddhismus, Hinduismus, Judentum, Islam und Christentum – finden sich überall unterschiedliche, aber immer von großer Ehrfurcht bestimmte Formen des Umgangs mit Träumen. Dies gilt in besonderem Maße auch für die schamanistischen Zivilisationen in aller Welt. Seit dem Vormarsch der Naturwissenschaften schien die Traumbetrachtung aber zunehmend »entzaubert« zu werden; Träume wurden, zumindest für einige Zeit, nur mehr als zufällige elektrische Hirnentladungen aufgefasst. Dieses Stadium haben wir aber glücklicherweise hinter uns, und aus vielen biologischen und neuropsychologischen Forschungen mehren sich die Hinweise, dass es keiner metaphysischen Spekulationen mehr bedarf, um im Traumgeschehen etwas für den Menschen äußerst Bedeutsames und Sinnvolles zu erkennen.

Auch der Zusammenhang zwischen Traum und Tod ist uralt. Die Tiefenpsychologie nahm hier lediglich die Anregungen auf, die ihr vor allem aus der Romantik entgegenkamen, und entwickelte sie in einem wissenschaftlichen Sinne weiter. Schon im antiken Griechenland wurde Hypnos, der Gott des Schlafes, als der kleine Bruder von Thanatos, dem Todesgott, dargestellt, also zwischen Schlaf und Tod ein Zusammenhang erkannt. Und seit jeher kennen die Menschen Träume, in denen Verstorbene auftauchen. In früheren Zeiten ängstigten diese Bilder oftmals, führten zu der Sorge, ob man denn nun auch bald sterben müsse, ob der Tote einen verfolge, noch eine Rechnung offen habe usw. Heute fokussieren wir in der Tiefenpsychologie auf die tröstlichen und beruhigenden Aspekte des Träumens von Verstorbenen.

Bei trauernden Menschen steigt schon allein die Anzahl der erinnerten Träume an, und die Trauminhalte drehen sich häufig um den Verstorbenen und die eigenen Beziehungen zu ihm. Die bekannte Schweizer Psychoanalytikerin Verena Kast hat in ihrem Buch *Trauern* auf die große Bedeutung der Traumbilder Verstorbener hingewiesen.[35] Tiefenpsychologische Therapien nutzen den inneren Kontakt zu den Verstorbenen, der im Traumbild deutlich wird, zu heilsamen Zwecken. Ob es sich dabei um Verbildlichungen der weiter oben beschriebenen Internalisierungen verlorener Menschen handelt, wie es die Psychoanalyse meint, oder um den innerseelischen Ausdruck einer Beziehung zu tatsächlich noch in irgendeiner Art weiterexistierenden verstorbenen Menschen, wie es manche religiöse oder spirituelle Sichtweise nahelegt, ist – und das mag zunächst erstaunen – nicht primär von Bedeutung. Wichtig ist vielmehr, *dass* die Menschen in aller Welt innere Bilder der Verstorbenen in ihren Träumen erfahren, *dass* diese Bilder also eine objektive Wirklichkeit sind, egal wie Wissenschaft oder Religion ihr Zustandekommen erklären. Sie sind objektive Wirklichkeit in dem Sinne, dass viele Menschen aus allen Kulturkreisen von ihnen berichten, und sie sind subjektive, also höchst persönliche Wirklichkeit im emotionalen Erleben des einzelnen Träumers oder der einzelnen Träumerin. Es ist allerdings in jedem Fall ein »Raumtausch«, eine Ver-Innerlichung, bei der ein äußerer Mensch zu einer inneren (Traum-)Gestalt wird, ganz so, wie es sich Michelangelo schon vor vielen hundert Jahren vorstellte und in seinem Gedicht, das diesem Unterkapitel vorangestellt ist, zum Ausdruck brachte.

Neben der Funktion des Traums als »Trauerhelfer« kann auch für Sterbende das Wissen, dass sie Spuren im Inneren ihrer Nächsten hinterlassen und sich diese Spuren mit hoher Wahrscheinlichkeit in den Träumen der Hinterbliebenen äußern werden, ein schöner und oft tröstlicher Gedanke sein. Darüber hinaus dient aber die Beschäftigung mit dem Traumthema einem weiteren Ziel, nämlich der Möglichkeit, im Traum das eigene Sterben einzuüben.

Hier ist zunächst eine verblüffende tiefenpsychologische Erkenntnis zu nennen: Unser Unbewusstes, zu dem wir über den Traumweg ja einen guten Zugang bekommen, ignoriert offenbar die Tatsache unserer (physischen, körperlichen) Sterblichkeit völlig! Alle großen Psychoanalytiker (im Übrigen auch Sigmund Freud und C. G. Jung, die sich später in nicht mehr vielem einig waren) sind hier, wenn auch mit sehr unterschiedlichen Begründungen, einer Meinung: Unser unbewusster Seelenteil geht nicht wirklich von der Endgültigkeit und Universalität, also der Allgemeingültigkeit des menschlichen Todes aus! »Die Träume vor dem Tod stehender Menschen zeigen alle, daß das Unbewußte, d. h. unsere Innenwelt, das Bewußtsein nicht auf das Ende vorbereitet, sondern auf eine tiefliegende Verwandlung und eine irgendwie beschaffene Fortsetzung des Lebensprozesses, die aber mit den Mitteln unseres Alltagsbewußtseins nicht vorstellbar ist.«[36] Die ausgefeilten religiösen Systeme und Vorstellungen vom

Totenreich – etwa im Alten Ägypten oder in der tibetischen Kultur – könnten in diesem Zusammenhang als Versuch gelesen werden, dieses Unvorstellbare doch in Bilder und Worte zu fassen.

Erinnern wir uns an das in Kapitel 1 dargestellte Schichtenmodell der Seele. Im Traum kommen wir augenscheinlich auch mit denjenigen Seelentiefen in Berührung, die der Vergänglichkeit und dem individuellen Tod nicht ausgeliefert sind, weil sie uns Einzelmenschen weit überschreiten und uns in ein kollektives Großes hinein ausweiten. C. G. Jung wurde nicht müde zu betonen, »daß mit einem Faktor in der Psyche zu rechnen ist, der den Gesetzen von Zeit und Raum nicht untersteht«[37].

Ausgestattet mit dieser tiefenpsychologischen Grunderkenntnis können wir uns nun näher an das Traumgeschehen auf unserem Weg dem Tod entgegen heranwagen. Schon die empirische, wissenschaftliche Erforschung der Bilderwelt der Träume hat Veränderungen der Träume in Todesnähe festgestellt. Die Analytische Psychologie weist zudem den Träumen einen erkenntnisschaffenden, aber auch einen kompensatorischen, d. h. die Einseitigkeiten des bewussten Denkens ausgleichenden, »ganzmachenden« Charakter zu. Wenn wir uns dem Sterben nähern, können Traumbilder vom Tod – sei es vom eigenen oder dem anderer – z. B. auch seine Bipolarität verdeutlichen: Traumbilder, die die Gleichzeitigkeit des Schrecklichen *und* des Schönen des Todes verdeutlichen, liefern so eine klare Absage an apokalyptische Horrorvisionen auf der einen Seite und esoterisch-geschönte Sanftheits- und Glückserwartungen auf der anderen Seite. Es ist eine mächtige Vorbereitungsarbeit auf den eigenen Tod, die »archetypischen«, also aus der kollektiven Schicht des Unbewussten aufsteigenden Symbole, die oft mit alchemistischen und mythischen Motiven durchsetzt sind,[38] auf uns wirken zu lassen.

Uns dem Todesgeschehen in Träumen zuzuwenden, kann uns also vor einseitigen Missverständnissen bewahren. Zudem hat gerade auch die Jung'sche Schule der Tiefenpsychologie erkannt, dass Träume nicht nur Ursachen (die meist in der Vergangenheit der Träumerin oder des Träumers zu suchen sind), sondern auch

Ziele aufzeigen, dass sie also auch die Richtung verdeutlichen, in die unser Denken, Fühlen und Wollen sich ausrichten könnte. Dieses als »Finalität«, d. h. Ziel- oder Zweckgerichtetheit, bezeichnetes Traumprinzip bestimmt auch viele andere psychische Erscheinungsformen. Es wird uns später auch noch einmal bei der Darstellung des Sterbeprozesses begegnen.

Die Jung'sche Analytikerin Aniela Jaffé analysierte bereits in den 1970er-Jahren über tausend Todestraumberichte und kam zu dem Schluss, dass diese Träume von den meisten Menschen als beruhigend und Trost spendend empfunden wurden. Die Bilder des Todes waren dann eben nicht Bilder vom Ende, sondern in ihnen wurde das Todesereignis etwa als Heimkehr oder Wandlung und Weiterentwicklung dargestellt.[39] Es tauchten auch Symbole unseres Selbst auf, die eine bewusste Beachtung und Weiterentwicklung unseres Bewusstseins verlangen (zum Selbst vgl. den Abschnitt »Das Un-Endliche am Grund unserer Seele« in Kapitel 1).

Nun aber zur konkreten Traumarbeit. Wir alle träumen jede Nacht mehrmals, ob wir uns unserer Traumszenen nun erinnern oder nicht. Dieses alte Wissen um die Zwangsläufigkeit des Träumens wurde und wird immer wieder von den modernen Neurowissenschaften bestätigt. Unsere Träume sind unterschiedlich lang und intensiv, je nach dem jeweiligen Schlafstadium, in denen sie auftreten. Manchmal erwachen wir mit einer nur schwachen Ahnung eines Traumgeschehens, manchmal nur mit einem bestimmten, mehr oder weniger intensiven Gefühl, manchmal aber erinnern wir ganze Geschichten und Handlungsabläufe, in denen wir als Beobachterin oder Beteiligter mitwirken.

Um mit unseren Träumen arbeiten zu können, müssen wir sie möglichst gut erinnern. Die Fähigkeit, am Morgen noch zu wissen, was sich nachts in unserem Seeleninnenraum ereignet hat, ist bei Menschen unterschiedlich gut ausgeprägt. Oft ist die Erinnerungsausbeute auch abhängig von der konkreten Lebenssituation. So gibt es Hinweise, dass bei vielen Menschen in Krisenzeiten die Traumhäufigkeit deutlich steigt. Dies würde dann sicher auch für die Traumintensität in Todesnähe gelten.

Die Fähigkeit, Träume nicht gleich nach dem Wachwerden wieder zu vergessen, kann allerdings auch geübt werden. Zunächst gilt die Regel, dass Träume vor allem dann in unser Gedächtnis Eingang finden, wenn wir ihnen genügend Aufmerksamkeit und Interesse zuwenden. Dies dürfte auch der Hauptgrund sein, warum in psychoanalytischen Therapien Träume so häufig Gegenstand der Gespräche sein können. Das Interesse der Analytikerin am Innenleben ihres Klienten und an dessen Träumen wird von diesem übernommen und führt oft zu einer Fülle von Traumerzählungen. Neben dem Interesse für Träume, das sich auch in der Beschäftigung mit Dichtung, Literatur und Bildender Kunst zum Thema Traum ausdrücken kann, ist auch das nicht analytische Gespräch über Träume eine Möglichkeit, die Erinnerung zu verbessern. Wenn miteinander vertraute Menschen sich gegenseitig ihre Träume erzählen, trägt dies zu einer Vertiefung ihrer Beziehung bei und dient dazu, sich wirklich auf einer tiefen Ebene kennenzulernen. Und dies vor allem dann, wenn auf vorschnelles Interpretieren oder Deuten bewusst verzichtet wird.

Die Vielfältigkeit der Trauminhalte ist auch ständiges Motiv der Kunst. Die Abbildung 7 zeigt einen Stich aus dem 17. Jahrhundert, der die ganze Fülle möglicher Traumsymbole und ihr manchmal gedrängtes Auftauchen im »Haus der Seele« eindrucksvoll verdeutlicht.

Ganz konkret ist zudem zu empfehlen, sich neben dem Bett auf dem Nachttisch einen Block mit Stift oder ein kleines Aufnahmegerät zu legen, um gleich nach dem Aufwachen wenigstens ein paar Stichpunkte zu eben erinnertem Traumgeschehen festhalten zu können. Auch eine kleine Zeichnung oder Skizze kann hilfreich sein.

Was fangen wir nun aber mit der erinnerten Traumerzählung oder dem erinnerten Traumbild an? Ich kann im Rahmen dieses kleinen Buches natürlich keine Anleitung zum Umgang mit Träumen geben. Wer sich intensiver damit beschäftigen möchte, kann etwa über Dieter Schnocks Buch *Was unsere Träume sagen*

Abb. 7: Der Palast der Träume. Französischer Stich aus dem 17. Jahrhundert

wollen[40] einen guten Einstieg in die tiefenpsychologische Traumarbeit bekommen. Aufgrund des Themas dieses Buches stehen vielmehr diejenigen Aspekte des Traums im Vordergrund, die mit einer Vorbereitung auf das Lebensende im Zusammenhang stehen. Folgende Fragen sind dann zum Traum zu stellen:

1. Welche spontanen Gedanken und Gefühle kommen bei Ihnen im Zusammenhang mit dem Traum auf?
2. Ist der Tod im Traumgeschehen ein direktes Ereignis? Wenn ja, wie ist er dargestellt und was hat dies mit Ihren Erfahrungen mit dem Tod anderer Menschen zu tun?
3. Kommt im Traumgeschehen ein Verstorbener vor? Wenn ja, wie und was hat er/sie uns zu sagen?
4. Scheint im Traumgeschehen der Tod in symbolischer Form auf? Gängige Symbole sind z. B. eine Reise, ein Übergang, eine Überfahrt etc., aber auch eine Heimkehr oder ein Neuanfang, eine Geburt usw. (zu beachten ist hier, dass Symbole stets mehrdeutig sind und nicht nur auf das Todesthema bezogen werden können).
5. Ist umgekehrt in Ihrem Traum der Tod gar nicht als »Tod« gemeint, sondern vielleicht als Symbol für etwas anderes zu verstehen, etwa für einen radikalen Abschied oder eine Trennung von jemandem oder etwas? Wenn Sie vom eigenen Tod oder dem Tod anderer träumen, können Sie sich z. B. fragen: Was an Ihnen oder an Ihrer Beziehung zu anderen muss vielleicht schon jetzt verabschiedet und losgelassen werden?

Ich möchte betonen, dass es nicht darauf ankommt, abschließende Antworten auf alle diese Fragen zu finden. Sie sollen vielmehr zur Auseinandersetzung mit dem Traum anregen und Hilfestellungen geben, sich vom Traum leiten zu lassen. Antworten, die heute gefunden werden, können morgen schon wieder durch Alternativen ersetzt oder ergänzt werden, ohne dass wir mit der Beurteilung »richtig oder falsch« an unsere Traumarbeit herangehen dürfen!

Die aufgeführten Fragen können schließlich durch eine Sichtweise auf das Traumgeschehen ergänzt werden, das in der Tiefenpsychologie als »subjektstufig« bezeichnet wird. Subjektstufige Traumdeutung bedeutet, dass das gesamte Traumgeschehen, alle Figuren, die darin vorkommen, sowie die gesamte Dynamik der Szene oder Geschichte als eine symbolische Darstellung der Seele der Träumerin oder des Träumers verstanden werden kann. Es ist so, als erzählte unser innerstes Selbst in mehr oder weniger verklausulierter Form eine bebilderte Geschichte über sich selbst. Sie können sich also fragen: Welche Aspekte von mir selbst sind vielleicht auch in den verschiedenen Bildern des Traumes enthalten? Auf der subjektstufigen Deutungsebene ist alles, was im Traum geschieht, als Anteile von uns selbst zu verstehen, und die Kunst der Traumarbeit besteht dann darin, den einzelnen Figuren und Geschehnissen das Pendant in unserem Seelenleben zuzuordnen.

Das Sterben üben – Tod und Imagination

Neben der Traumdeutung gibt es in der Tiefenpsychologie noch einen anderen Zugangsweg zu den Tiefenschichten der Seele, der sehr wertgeschätzt wird: die Arbeit mit Imaginationen, d. h. inneren Vorstellungsbildern.

Seit den frühesten schamanischen Kulturen nutzen die Menschen die Fähigkeit, »innere Bilder« hervorzubringen und zu betrachten – auch und vor allem für die Auseinandersetzung mit dem Todesthema. In der spirituellen Literatur finden wir z. B. das Tibetische Totenbuch[41], das als Anleitung zur Arbeit mit inneren Bildern in Todesnähe bezeichnet werden kann. Einen hohen Bekanntheitsgrad erreichte auch Dantes *Göttliche Komödie*, in der eine imaginative Unterweltreise beschrieben wird. Imaginationen, so wie sie hier verstanden werden, ermöglichen also durch ein tiefes Eintauchen in die eigene Seelentiefe einen Anschluss an »jenseitige« Welten. Sie stehen damit auch in der Tradition der fernöstlichen, islamischen, aber auch christlichen Mystik, in der etwa vom »inneren Königreich Gottes« oder der »inneren Burg« gesprochen wird.

Auch moderne Forschungsergebnisse weisen auf spontan ablaufende innere Bilder bei Menschen in Todesnähe hin. Zu nennen sind hier die sog. »Nahtoderfahrungen«, die vor allem seit den Forschungen des amerikanischen Psychologen Raymond A. Moody bekannt geworden sind,[42] sowie die »Sterbezimmervisionen«, aber auch z. B. das sog. »oneiroide« Erleben, ein inneres Bilderleben, das für den Imaginierenden nicht von der Wirklichkeit zu unterscheiden ist und das in psychischen und körperlichen Ausnahmezuständen wie etwa im Koma erlebt werden kann.

All diese Phänomene weisen auf einen engen Zusammenhang zwischen innerem Bilderleben und Sterben und Tod hin, der insofern unmittelbar einleuchtet, als in Todesnähe der sprachliche Ausdruck oft nicht mehr möglich ist, »Sprachlosigkeit« herrscht, Unsagbares aber gleichzeitig ausgedrückt werden will. Unser Gehirn, so wissen wir aus den Neurowissenschaften, ist ein beständig Bilder erschaffendes Organ, und unsere Seele ist dies wohl erst recht! In der Kunsttherapie lernen wir, dass das Bild einen sehr unmittelbaren Zugang zum emotionalen Erleben verschafft und dass vor allem in Krisenzeiten, wenn unser rationales Denken und Handeln durch die Wucht des krisenhaften Geschehens erschüttert sind, Bilder in uns zur Bewältigung, Tröstung und Zukunftsorientierung beitragen. Die innere Bildsprache ist die wahrhaftige Sprache der Seele.

Bei der tiefenpsychologischen Auseinandersetzung mit inneren Bildern geht es nicht um geleitete Imaginationen wie etwa Phantasiereisen oder Entspannungsübungen, sondern um eine aktive Auseinandersetzung des Ich mit den imaginierten Inhalten, weshalb C. G. Jung diese Methode auch »Aktive Imagination« nannte.[43] Ich werde weiter unten noch ausführlicher auf sie zurückkommen. Im Zusammenhang mit dem Todesthema soll zunächst eine Form der *geleiteten Imagination* vorgestellt werden, eine Sterbeimagination, die heute vor allem von amerikanischen Psychologinnen und Psychologen propagiert wird und die auch hierzulande angewandt wird, etwa in der Ausbildung von Sterbebegleiterinnen und Hospizhelfern. Die deutschen Gesprächstherapeuten Annemarie und Reinhard Tausch haben sie bereits in den 1970er-Jahren ausführlich beschrieben und wissenschaftlich untersucht. Hier eine gekürzte und an ihre Darstellung angelehnte Version, die den Übenden das Geschehen von Sterben und Tod auf einer Erfahrungsebene nahebringen kann.

Sterbeimagination

Versuchen Sie zunächst, sich zu entspannen, indem Sie z. B. eine Ihnen bekannte Entspannungsübung durchführen (ca. 10 min).

Werden Sie sich nun bewusst, dass Ihre Zeit zu sterben gekommen ist. Ein Arzt hat Sie über Ihren nahen Tod informiert. Welche Gefühle und Gedanken gehen Ihnen durch den Kopf? Wie wollen Sie Ihre letzten Lebenswochen verbringen? Was ist Ihnen noch wichtig?

Stellen Sie sich die Verschlechterung Ihres Zustands vor. Sie können spüren, wie sich der näher kommende Tod auf Ihren Körper und seine Funktionen auswirkt. Stellen Sie sich die Menschen an Ihrem Sterbebett vor. Was tun sie, wie reagieren sie, was sagen sie, welche Emotionen drücken sie aus?

Ihr Körper verliert mehr und mehr seine Energie, Sie werden immer schwächer. Nun sehen Sie sich im Moment Ihres Sterbens. Sie sehen sich als tot – was passiert jetzt in Ihnen, mit Ihrem Geist, Ihrer Seele?

Sie sind gestorben und Sie blicken nun einige Minuten auf die Einzelheiten Ihres Lebens zurück: Wie war Ihr Leben gewesen? Was war gut, was negativ? Was haben Sie erreicht, was versäumt? Welche Freuden haben Sie erlebt, mit welchen Problemen, Nöten und Sorgen haben Sie gerungen? Welche positiven Erlebnisse kommen Ihnen in den Sinn? Was von alldem ist jetzt noch da, im Zustand des Todes? Was würde Sie heute gerne anders machen im Leben? Überblicken Sie nochmals einige Minuten Ihr Leben.

Kommen Sie dann wieder zurück ins Reich der Lebenden: Halten Sie die Augen noch geschlossen. Seien Sie sich bewusst, dass Sie neu in dieses Leben hineingehen und dass Sie nun Möglichkeiten haben, weiterzuleben und auch einiges zu ändern. Fühlen Sie den Frieden im Hier und Jetzt. Fühlen Sie Ihre Entspannung. Wärme und Leben erfüllen Sie wieder. Machen Sie Ihre Augen auf, nehmen Sie Ihre Umgebung bewusst wahr. Bewegen Sie langsam Ihre Hände und Füße, Arme und Beine.

Nehmen Sie sich 10 min Zeit zur Besinnung. Schreiben Sie Ihre Erfahrungen auf und suchen Sie sich unter Umständen einen Gesprächspartner, mit dem Sie Ihre tiefen Erlebnisse teilen können.[44]

Die Untersuchungen von Annemarie und Reinhard Tausch ergaben überwältigende positive Reaktionen bei denjenigen Menschen, die sich in Selbsterfahrungsgruppen dieser Übung unterzogen. Der Austausch über die gemachten Erfahrungen ist dabei sicher mit von Bedeutung.

In der Tiefenpsychologie wurde nun eine imaginative Zugangsweise zu Sterben und Tod entwickelt, die vielen Menschen weitaus tiefere Erfahrungen ermöglichen kann und die mir besonders geeignet erscheint, ein bewusstes Zugehen auf den Tod zu unterstützen. Sie ist stark angelehnt an die sog. »Aktive Imagination«, die C. G. Jung Anfang des 20. Jahrhunderts zunächst in Selbstversuchen entdeckt und dann als psychotherapeutische Methode weiterentwickelt hat. Inzwischen gibt es eine unübersehbare Fülle an sog. Imaginationsmethoden, die für jeden Zweck und jedes therapeutische Anliegen spezifiziert und ausgefeilt wurden.

Die Aktive Imagination liegt an der Schnittstelle zwischen therapeutischem Verfahren und spiritueller Praxis. Ohne auf eine religiöse Anschauung Bezug zu nehmen, ermöglicht sie doch den Kontakt mit den seelischen Tiefenschichten bzw. spirituellen Bereichen der Psyche und eine bewusste Auseinandersetzung mit ihnen. Sie verlangt Geduld und Übung und nicht selten auch eine erfahrene Begleiterin bzw. Begleiter, um das in der Imagination

Erlebte mitteilen zu können und eventuell auch, um nach intensiven Erfahrungen wieder mit beiden Beinen auf den Boden zu kommen.

Auch bei der hier angeführten »Kurzversion« mit Fokus auf dem Sterbethema kann es ratsam sein, sich einen Menschen zu suchen, der für innerseelische Erfahrungsbereiche offen ist und mit dem besprochen werden kann, was einen verwirrt, erfreut oder traurig macht. Auch das Malen der erlebten inneren Bilder oder das Gestalten in Ton oder Sand sind zu empfehlen. Dadurch kann Inneres nach außen gebracht werden und eine bewusste Auseinandersetzung möglich werden. Dabei geht es jedoch in keiner der genannten Verarbeitungsmethoden – Sprechen, Malen oder Gestalten – primär darum, das Erlebte zu verstehen oder gar vorschnell zu deuten. Zu oft begegnen uns in Träumen und Imaginationen seelische Räume, die mit Verstand und Sprache nicht erfasst werden können. Es geht vielmehr um eine aktive und sinnliche Auseinandersetzung, um ein »Anschauen« der Seelenbilder durch deren »Anschaulichmachen«.

Wie aber erhalten wir nun Zugang zu dieser inneren Bilderwelt? In einer kurzen Schilderungen der Methode, die 1919 in seinem Vorwort zum altchinesischen Traktat *Das Geheimnis der Goldenen Blüte*[45] erschienen ist, weist C. G. Jung auf ein altes Prinzip chinesischer Philosophie hin, das uns in diesem Zusammenhang besonders nützt. Es ist das *Wu-wei*-Prinzip, das Prinzip des »Handelns im Nichthandeln«; Jung spricht an gleicher Stelle vom seelischen »Geschehenlassen-Können«. Das meint konkret eine Innenschau, die alles zulässt, was sich bebildern will. Es geht um den konzentrierten Versuch, keinen bewussten Einfluss auf das zu nehmen, was sich uns zeigen will, wenn wir Innenschau betreiben, es geht um den unverfälschten Blick nach innen.

Dazu suchen wir uns zunächst einen passenden Ort und gestalten ihn so, dass er unsere Innenschau begünstigt. Eine Kerze, ein Gong, ein Meditationskissen oder -bänkchen, Räucherstäbchen oder Duftöle, ein etwas abgedimmmtes Licht oder auch nichts von alledem – es gibt viele Möglichkeiten, um sich eine

Umgebung zu schaffen, die der Reise nach innen angemessen ist. Dabei gibt es keine Regeln. Die Suche nach dem richtigen Ort und dessen Ausgestaltung sind äußerst individuelle Angelegenheiten.

Anleitung einer Aktiven Imagination

Suchen Sie für Ihre Imagination einen ruhigen, wenn möglich immer denselben Ort auf, an dem Sie etwa 5–10 Minuten ungestört den Blick in sich hinein richten können. Anfangs empfiehlt es sich, dass Sie sich einen Timer oder Wecker (möglichst mit sanftem Weckton) stellen, um dem Gefühl der Zeitlosigkeit, das in der Imagination aufkommen kann, zu begegnen.

Dann konzentrieren Sie sich auf Ihre Atmung, hören ihr quasi zu, ohne sie zu beeinflussen. Versuchen Sie, mit jedem Atemzug die Tore der Sinnesorgane nach außen (Hören, Riechen, Sehen) weiter zu verschließen, und warten Sie ab, welches Bild im Inneren entsteht. Auch wenn es zunächst dunkel erscheint, mit Geduld und Zuversicht wird sich das erste Bild entwickeln, vielleicht eine Landschaft, ein Zimmer, eine Stadt etc.

In diesem Bild können Sie eine achtsame Präsenz üben. Unsere Kultur trainiert uns vor allem im Sehen, und auch im Bereich der Spiritualität werden vor allem visuelle Metaphern wie »Schau Gottes« oder »Erleuchtung« verwendet, um meditative Erfahrungen zu beschreiben. Entsprechend werden vermutlich auch Sie zunächst versuchen, in der Imagination etwas zu sehen. Um jedoch möglichst vollständig im Bild präsent zu sein, ist es auch wichtig zu hören, zu riechen, vielleicht sogar zu schmecken, was uns im Bild begegnet, und es möglichst ganzheitlich wahrzunehmen.

Vielleicht tauchen in Ihrem Inneren auch Bilder von Pflanzen, Tieren oder Menschen auf – auch sie lassen Sie unbeeinflusst. Sie üben das Geschehenlassen und nehmen das Geschaute quasi wie mit einer inneren Filmkamera auf, so dass Sie es nach der Rückkehr aus der Imagination betrachten können.

Der Regisseur dieses kurzen Dokumentationsfilms über Ihr Seeleninneres ist Ihr Unbewusstes, und immer, wenn Sie bemerken, dass Sie bewusst in die Filmszene eingreifen wollen – etwa um ein schöneres Bild herzustellen oder um von einer Szene zur anderen zu springen –, halten Sie inne, kehren Sie zum ursprünglichen Bild zurück und lassen Sie dieses sich neu entwickeln.

Nach 5 bis 10 Minuten verlassen Sie die innere Welt. Bewegen Sie Ihre Hände und Füße, Arme und Beine, nehmen Sie bewusst den Raum um sich herum wahr, trinken oder essen vielleicht etwas und kommen Sie auf diese Weise wieder ganz zurück ins Hier und Jetzt.

Wenn wir eine solche tiefenpsychologische Imagination machen, erstellen wir quasi einen Dokumentarfilm einer Seite unseres Seeleninneren, die gestaltet werden will und über die es gut ist, mit jemand anderem zu sprechen. Es ist kein Spielfilm, keine fiktive, erfundene Geschichte, deren Bilder und Handlung uns vorgegeben wurden. Es handelt sich um einen wahrhaften Doku-Streifen, d. h. um eine Aufnahme einer innerseelischen Wirklichkeit.

Was begegnet uns nun aber in der »inneren Kammer« unserer Seele? Sicher nicht nur Angenehmes und Positives, sondern auch Angstmachendes und Erschreckendes. Gerade in Todesnähe bebildern sich auch Furcht und Ungewissheit und fordern zur Auseinandersetzung auf. Vor allem Menschen mit traumatischen Erfahrungen werden manchmal mit schier Unaushaltbarem konfrontiert. Dann ist es unbedingt wichtig, die Imagination abzubrechen und eine in Imagination und Traumapsychologie erfahrene Psychotherapeutin bzw. einen Spezialisten aufzusuchen. Psychisch grundsätzlich stabilen Menschen ist aber anzuraten, nicht zu fliehen, sondern sich dem Angstauslösenden zu stellen und den inneren Dokumentarfilm weiterzudrehen.

Die Sichtung der eigenen innerseelischen Welt wurde auch als *mundus imaginalis*, imaginative Welt, bezeichnet und hat unter diesem Begriff Einzug in Philosophie und Theologie gehalten. Im christlichen Abendland kennen wir in ähnlicher Bedeutung die *civitas dei*, die Stadt Gottes, oder das »Neue Jerusalem«.

Abb. 8: Das goldene Schloss – Mandala von C. G. Jung

C. G. Jung gestaltete z. B. im *Roten Buch* das Bild eines goldenen Schlosses: ein Mandala, das er in seiner Schrift *Über Mandalasymbolik*[46] bespricht und das er mit dem »gelben Schloss« der Taoisten in *Das Geheimnis der Goldenen Blüte* in Verbindung bringt.[47]

Es handelt sich also – metaphorisch gesprochen – um Städte und ganze Welten und nicht nur Eckchen, und so ist dieses »innere Filmabenteuer« auch nie wirklich beendet. Beim nächsten Einstieg in die inneren Gefilde kann das Ende des letzten »Filmabschnitts« gewählt werden; man bewegt sich quasi weiter voran. Wir können aber auch einfach wieder warten, welche Bilder sich entwickeln – mit der spannenden Aussicht, irgendwo in unserem Innenraum schon wieder »anzudocken«.

Welchen Nutzen kann diese Art der Imagination nun für einen Menschen haben, der das Sterben lernen will oder zu lernen hat? Zum einen ist es das Erleben der Fülle des inneren Seins, die erstaunt, beglückt und tröstet, vor allem dann, wenn eine Berührung mit den »zeitlosen« Schichten erfolgt und wir im Tiefsten erfahren, dass es in uns Bereiche gibt, die – wie oben theoretisch erläutert – den Gesetzen von Raum und Zeit nicht unterworfen sind. Es ist das Erleben der »Grundtendenz im Menschen, sich als ein Bleibendes und Unzerstörbares zu erfahren«[48], wie Erich Neumann, ein berühmter Schüler Jungs, so treffend ausdrückt.

Dies ist der eine Sinnaspekt der Imagination. Der zweite, vielleicht weitaus bedeutendere, liegt in der Annahme, dass sich tiefe Imagination und Sterbegeschehen auffällig ähneln. Dies konnten Tiefenpsychologinnen und Tiefenpsychologen wie gesagt zum einen anhand von Nahtoderzählungen, Sterbezimmervisionen etc., zum anderen aus der Analyse von Bildern vom Sterben und Tod in den Weltkulturen herausarbeiten. C. G. Jung und seine Schülerinnen und Schüler gingen immer davon aus, dass die tiefsten Ebenen unseres Unbewussten und die in den Religionen als Jenseits, Totenreich etc. bezeichneten Gefilde identisch seien.

Das Kennenlernen des eigenen tiefsten Inneren ist also das Kennenlernen des Todes per se. Rilke beschreibt dies in seinem oben zitierten Gedicht *Der Tod der Geliebten* sehr eindringlich. Was in diesem Gedicht über den Trauernden gesagt wird (Trauernde werden nicht selten durch den Tod ihrer Liebsten auf »die andere Seite« aufmerksam), gilt für den Sterbenden erst recht! Es geht um ein Bekanntwerden mit dem »Inneren Land«, das auch viele Künstler aller Epochen verbildert haben und das auf diese Weise viel von seinem Schrecken verliert. (Aktive) Imagination kann also auch als eine Art des Sich-vertraut-Machens mit den psychischen Aspekten des Sterbegeschehens betrachtet werden.

Drittens schließlich, und ganz pragmatisch, üben wir in der Imagination die notwendige Ent-Identifizierung mit unserem Äußeren, seien es die Rolle, die wir spielen, die Masken die wir tragen, oder der Körper, den wir haben. Durch die Erforschung des »inneren Kontinents« verliert sich Stück für Stück unsere tiefsitzende Überzeugung, wir seien das, was wir sozial darstellen, und so, wie wir aussehen. Uns wird eindrücklich klar, dass diese höchst vergänglichen Attribute nur »Schalen« sind, wie Rilke sagt: »Denn wir sind nur die Schale und das Blatt. / Der große Tod, den jeder in sich hat, / das ist die Frucht, um die sich alles dreht.«[49] Unsere äußeren Seiten sind »Schalen«, innerhalb derer unser wirkliches Selbst zu finden ist ...

Stirb, bevor du stirbst: Meditation, Kontemplation und Psychotherapie

Stirb, bevor du stirbst.
SUFI-WEISHEIT

Manch eine spirituelle Richtung oder tiefenpsychologische Schule empfiehlt dem Menschen, mit dem »Sterben« nicht bis zum physischen Todeszeitpunkt zu warten. Durch Achtsamkeit und stille Versenkung, aber auch durch ein schrittweises Kennenlernen des Selbst, wird das Sterben nicht nur geübt, es wird in manchen bedeutsamen Aspekten bereits vorweggenommen.

Während die Kontemplation vor allem in der christlichen Tradition steht und mit einer ruhigen und konzentrierten Ausrichtung auf ein göttliches Gegenüber einhergeht, das durchaus auch in einem selbst gefunden werden kann, streben die meist fernöstlich geprägten meditativen Methoden primär eine innere Leere an, um mit dem Eigentlichen des menschlichen Seins in Berührung zu kommen. Es gibt aber wohl zahlreiche Überschneidungen der Begriffe Meditation und Kontemplation. Eine Ent-Identifizierung mit dem Äußeren, wie sie im nächsten Kapitel ausführlich dargestellt wird, ist ihnen beiden auf jeden Fall gemeinsam.

Die meditativen und kontemplativen Übungswege in aller Welt schlagen weiterhin die Achtsamkeit auf alles Vergängliche vor, sei es um uns herum, sei es in und an uns. Der körperliche Verfall des Älterwerdens oder Krankseins wird dadurch zu einer spirituellen und auch therapeutischen – nämlich im umfassenden Sinne heilsamen – Übung. Er zwingt uns dazu, immer wieder ein Stück unseres früheren Seins, unseres früheren Lebens, Könnens, Aussehens, unseres früheren Raums der Möglichkeiten, »sterben« zu lassen. Und wir sollten nicht darauf warten, bis wir dazu gezwungen werden. Der bewusste Verzicht, das bewusste Seinlassen von potenziellen Möglichkeiten, das Zugestehen, dass nicht alle Alternativen in jeder Situation wirklich infrage kommen, ist der Beginn dieses positiven und selbst eingeleiteten Sterbeprozesses. Als spezielle Disziplin empfiehlt sich vor allem die folgende Übung.

Übung des achtsamen Ausatmens

Setzen Sie sich an einem ruhigen Ort bequem hin und achten Sie darauf, dass durch Sitzhaltung und Kleidung die Atmung nicht behindert wird. Hören Sie nun dem spontanen Gang Ihrer Atmung zu und konzentrieren Sie sich vor allem auf die Ausatmung.

Die Ausatmung steht für das (endgültige) Loslassen, für das Aufgeben all dessen, was vorher war. Im Ausatmen geben wir etwas von uns in die Welt und wissen, dass wir es nicht mehr zurückerhalten werden. Das Ausatmen ist ein Verlieren, ein Hergeben, ein Abschiednehmen. Um den Effekt etwas zu verstärken, können Sie eine kurze Pause von vielleicht einer Sekunde zwischen Ein- und Ausatmung machen, ein kurzes Festhalten, ein kurzer Versuch, sich dem Hergebenmüssen zu entziehen.

Sie werden dann merken, wie angenehm das Loslassen des Atems sein kann, wie gut sich das Hergeben anfühlt. Die dem Ausatmen reflexhaft folgende Einatmung macht deutlich, dass trotz des Verlierens, Hergebens, Abschiednehmens nichts zu Ende geht, sondern dass durch dieses Loslassen erst das Neue, das nun unsere Lungen füllt, geschehen kann.

Atemübungen unterschiedlichster Art werden von sehr vielen Sterbebegleitern und Hospizmitarbeiterinnen empfohlen und gelehrt. Auch bei großer körperlicher und seelischer Not in akuter Todesnähe dient die Konzentration auf den Atem – bei rascher oder rasselnder Atmung vor allem die Konzentration auf die kurze Zeit zwischen Ein- und Ausatmung – der Beruhigung und der Hinwendung nach innen.

»In Psychoanalyse sein, heißt sterben«, so meinte einmal der bekannte amerikanische Psychoanalytiker James Hillman. Er weist uns mit diesem Satz darauf hin, dass auch jeder systematische Versuch, sich selbst oder zumindest einen Teil von sich selbst zu verändern und zu entwickeln, den Tod des »alten Ich« bedeutet. Das Anhaften am alten Ich, das dem Anhaften an der alten Existenz bei sterbenden Menschen entspricht, ist dann auch das größte Hindernis für eine erfolgreiche psychotherapeutische Arbeit. Das Problem besteht zum einen darin, dass das Neue natürlicherweise Ungewissheit und Angst erzeugt – schließlich wissen wir nie, was wirklich auf uns zukommt. Es ist aber vor allem das Verabschieden des Alten, unserer bisherigen Persönlichkeit, was schwierig ist. In Psychotherapie und Analyse, in Selbsterfahrungsgruppen und Selbsthilfekreisen an der Weiterentwicklung der eigenen Persönlichkeit zu arbeiten und damit immer wieder und permanent das Alte loszulassen, zu betrauern und dann aufzugeben, kann also durchaus als eine Übung im Sterben betrachtet werden!

Wer stirbt? Sich ent-identifizieren und loslassen

Wir wissen nichts von diesem Hingehn, das
nicht mit uns teilt. Wir haben keinen Grund,
Bewunderung und Liebe oder Haß
dem Tod zu zeigen, den ein Maskenmund

tragischer Klage wunderlich entstellt.
Noch ist die Welt voll Rollen, die wir spielen.
Solang wir sorgen, ob wir auch gefielen,
spielt auch der Tod, obwohl er nicht gefällt.
RAINER MARIA RILKE[50]

In den vorherigen Kapiteln wurde immer wieder darauf hingewiesen, dass sich in unserer westlichen Gesellschaft die Gleichsetzung von Körper und sozialer Rolle mit dem gesamten Sein durchgesetzt hat. Die in der Antike und auch in einigen Epochen des Christentums so bedeutsame Unterscheidung zwischen Innen und Außen, manchmal benannt als Unterscheidung zwischen Seele und Körper, hat mehr und mehr an Bedeutung verloren. Während das bewusste Aufgeben sozialer Rollen oder Loslassen körperlicher Fähigkeiten, wie wir gesehen haben, durchaus lehrreich ist und für den Menschen, der sich mit dem Tod konfrontiert sieht, sehr sinnvoll sein kann, ist das Umgekehrte, die völlige Identifikation mit seinem Körper und seinen sozialen Rollen, gefährlich.

Der amerikanische Psychoanalytiker Irvin D. Yalom, der vor allem durch seine Romane über Psychotherapien einem breiten Publikum bekannt wurde, schlägt eine sehr wirkmächtige Übung zur Ent-Identifikation vor:

Übung zur Ent-Identifikation
Setzen Sie sich zunächst mit der gar nicht so einfach zu beantwortenden Frage »Wer bin ich?« auseinander. Notieren Sie dann auf acht Kärtchen jeweils Ihre Antwort und ordnen Sie dann die Kärtchen nach ihrer Wichtigkeit. Die bedeutsamste Antwort auf die Frage »Wer bin ich?« kommt an den Schluss, die einfachste und oberflächlichste an den Anfang.

Nehmen Sie nun langsam jede der Karten einzeln zur Hand, lesen Sie die daraufstehende Eigenschaft und stellen Sie sich einige Minuten lang vor, diese aufzugeben bzw. zu verlieren. Machen Sie dies mit allen acht Karten, bis Sie sich schließlich, bei der letzten Karte, in der Vorstellung aller äußeren Eigenschaften entledigt haben.

Verweilen Sie noch einige Zeit (10–15 Minuten) in diesem Gefühl des Ent-Werdens und kehren Sie dann den Vorgang um, d.h. eignen Sie sich Karte für Karte die darauf genannten Eigenschaften wieder an.[51]

Hilfreiche Rituale: Tod und Sterben eine Form geben

Rituale sind festgelegte Handlungsabläufe, die einem schwierigen, unüberschaubaren, ängstigenden Geschehen einen äußeren und inneren Rahmen geben. Sie sind bestimmt durch einige wichtige Eigenschaften: Sie sollten einfach gestaltet und leicht wiederholbar sein. Am besten bezieht man Sinnesreize wie Geruch und Geschmack mit ein und beteiligt den gesamten Körper, etwa durch einfache Gebärden. Meistens finden Rituale in Gruppen statt, können aber auch alleine vollzogen werden. Rituale müssen nichts Spektakuläres, Überschwängliches an sich haben; ihr Ablauf sollte immer derselbe sein, Ort, Zeit und am Ritual beteiligte Personen sollten nicht variieren.[52]

Vor allem für die Krisen in Übergangszeiten schufen sich die Menschen seit Urzeiten Rituale, um Angst zu binden und Handlung – auch ohne nachdenken zu müssen – zu ermöglichen. Sie führen, so sagt uns die empirische Ritualforschung, von einer Trennung bzw. Loslösung über eine Phase der Verwandlung hin zu einem neuen Anschluss auf einer höheren Ebene. Rituale regen Gefühle an, geben diesen aber auch ein Gefäß, in dem sie sein dürfen und das sie hält. Sie vermitteln in ihrer Wiederholung Sicherheit und Geborgenheit.

Die Teilnehmenden an einem Ritual sind durch die Achtsamkeit auf die Handlung zum einen ganz auf sich konzentriert, zum andern sind die meisten Rituale auch soziale Ereignisse und vermitteln so ein Gefühl des Eingebundenseins in eine Gruppe oder Gemeinschaft.

Rituale sind symbolhaft, ja man könnte sagen, sie sind in Handlung umgesetzte Symbole. Dabei müssen diese Handlungen nichts Großartiges darstellen. Manchmal ist ein regelmäßiger Besuch, der, ohne dass man es sich vornimmt, einen immer ähnlichen Ablauf nimmt, bereits ein Ritual. Auch Begrüßungs- und Verabschiedungsszenen können Ritualcharakter annehmen.

Manchmal ist es gut, sich selbst um ein Ritual zu kümmern, das uns in großen Nöten hilfreich sein kann. Die großen Weltreligionen stellen solche Rituale zur Verfügung, wie etwa die Krankensalbung in den christlichen Konfessionen. Auf solche vorgegebenen Rituale kann man auch im Zugehen auf den Tod zurückgreifen. Natürlich ist auch die oben dargestellte Variante der Aktiven Imagination in gewissem Sinne ein Ritual oder kann in ein individuell gestaltetes Ritual eingebunden werden.

Wenn wir für uns selbst ein Halt gebendes Ritual entwickeln wollen, tun wir gut daran, symbolisch bedeutsame Gegenstände mit einzubeziehen. Neben den religiösen Symbolen wie Kreuz, Ikone oder Buddhafigur können dies z. B. Kerzen, Bilder, Blumen, Figuren, Wasser, Steine etc. sein. Die benutzten Gegenstände sind zum einen als Bestandteil des Rituals denkbar, zum andern kann ein Symbol auch durch das Ritual erst mit Bedeutung »aufgeladen« werden, so dass es das gesamte Ritual quasi enthält. Auch Gesänge können eine Art Ritual darstellen, das oft in Sterbezimmern eine ganz besondere Stimmung verbreitet.

Die gesprochenen oder im inneren Monolog geäußerten Worte können ebenfalls von zentraler Bedeutung sein. Es ist gut, sich entweder nur kurze, evtl. formelhafte Texte zu merken oder längere Texte zu rezitieren, zu lesen oder sich vorlesen zu lassen. Fündig können wir hier in den spirituellen Texten der Weltkulturen werden, z. B. bei den Psalmen, buddhistischen Sutren, in Gebetbüchern oder im unerschöpflichen Schatz der Dichtung der Welt. Hier einige Beispiele kurzer Texte, die den Vorteil haben, wie symbolische Gegenstände eine »energetische Ladung« des Rituals in sich aufnehmen zu können, die dann bei jeder Rezitation sich wieder entfalten kann:

Aus den religiösen Traditionen

»Und ob ich schon wanderte im finstern Tal, fürchte ich kein Unglück; denn du bist bei mir…«
PSALM 23,4

»Wenn ich nun meinen aus Fleisch und Blut zusammengesetzten Körper verlassen werde, möge ich ihn als pure Illusion erkennen.«
TIBETISCH

*»In diesem Moment gibt es nichts, was sein wird.
In diesem Moment gibt es nichts, was aufhört zu sein.«*
ZEN-MEISTER HUI NENG

»Aus ihr, der Erde, haben wir euch geschaffen, und in sie bringen wir euch wieder zurück und aus ihr bringen wir euch ein andermal wieder heraus.«
SURE 20,55

Aus der Dichtung

»Alles Vergängliche ist nur ein Gleichnis.«
JOHANN WOLFGANG VON GOETHE

»Ich unternehme meine letzte Anstrengung, jenes, das göttlich ist in mir, an jenes, das göttlich ist im Universum, zurückzugeben.«
PLOTIN

»Von guten Mächten wunderbar geborgen, erwarten wir getrost, was kommen mag.«
DIETRICH BONHOEFFER[53]

Eine ganz besondere Tradition sprachlich-symbolischer Verdichtungen stellen auch die japanischen »Todesgedichte« dar, die von alten und zeitgenössischen Zen-Meistern überliefert wurden und die uns in unserem Bemühen, einen eigenen Text zu finden, wertvolle Hilfe leisten können. Hier zwei Beispiele:

Mit leeren Händen kam ich in diese Welt,
Barfuß verlasse ich sie.
Mein Kommen, mein Gehen –
Zwei einfache Ereignisse,
Ineinander verwoben.
KOZAN ICHIKYO, 14. JH.[54]

Klarer Himmel –
einst kam ich diesen Weg entlang,
jetzt gehe ich ihn zurück.
GITOKU, MITTE 18. JH.[55]

Wie wir oben bereits gesehen haben, ist die Gestaltung des Raumes, in dem unsere letzte Zeit verbracht werden soll, oft von großer Wichtigkeit. Dies gilt auch für den Ritualraum, der vielleicht von Kerzen oder Salzlampen in ein bestimmtes Licht getaucht wird, von Düften (Duftölen, Sprays, Räucherwerk) und Klängen (von Klangschalen, Gongs oder speziellen Klang-CDs) oder von geeigneter Musik ausgefüllt ist.

Ab einem gewissen Zeitpunkt können wir vielleicht nicht mehr aktiv an einem Ritual teilnehmen. Dann ist es gut, wenn wir es oft und intensiv genug erlebt haben, um es in unserem Inneren wie in einer Imagination ablaufen lassen zu können.

Es ist hilfreich, ein persönliches »Ritual-Drehbuch« zu entwerfen, das man entweder für sich selbst niederschreibt oder mit einer nahen Person absprechen kann, und sich dazu folgende Fragen zu stellen:

- Wen will ich an meinem Ritual beteiligen? Ist es zur Not auch allein durchführbar?
- Welche Handlungen sollen vollzogen werden?
- Welche Symbole sind für mich von Bedeutung?
- Welche Sinne sollen beteiligt sein (Sehen, Riechen, Hören)?
- Gibt es eine Möglichkeit, ein Symbol mit dem Ritual so zu verbinden, dass mich der Kontakt mit dem Symbol auch später mit den Emotionen des Rituals in Verbindung bringen kann?

Es kann sinnvoll sein, sich bei der Ausgestaltung dieses Drehbuches und der Einübung des Rituals Unterstützung zu holen. Ausgebildete Hospizhelferinnen, Seelsorger, Mönche und Nonnen aller Religionen, Atem-, Musik- und Kunsttherapeutinnen und -therapeuten können wertvolle Hilfe und kreative Unterstützung leisten.

Es empfiehlt sich, die Vorbereitung auf die letzte Sterbephase nicht zu sehr hinauszuschieben. Patientenverfügung, Vorsorgevollmacht sowie die Anweisungen für das letzte Ritual, eventuell auch bereits entsprechende Materialien (Musik-CDs, Gegenstände etc.), können vielleicht in ein schönes Kistchen verpackt und bereitgestellt werden; diejenigen, die es dann angeht, sollten dann nur noch wissen, wo die Dinge sich befinden...

Wünsche für die Zeit danach

Seit sich die Menschen ihrer Sterblichkeit bewusst sind, suchen sie nach Möglichkeiten, mit den Verstorbenen in Kontakt zu bleiben.

Umgekehrt können diejenigen, die auf den Tod zugehen, sich überlegen, welche Art von Gedenken und damit innerer Kontaktaufnahme sie sich nach ihrem Tod von ihren Nächsten wünschen würden. Es kann eine sehr tröstliche Vorstellung sein zu wissen, dass die eigene Person in regelmäßigen Zusammenhängen, etwa an Gedenktagen, wieder im Zentrum der Aufmerksamkeit der Liebsten steht. Dazu können sowohl religiöse Totengedenktage wie Allerseelen oder Totensonntag genutzt werden als auch individuelle Zeiten wie Geburts- oder Todestage. Es geht dabei nicht darum, den Hinterbliebenen aufwändige Gedenkrituale aufzubürden, sondern vielmehr darum, sich selbst vor dem eigenen Tod noch ein kleines Eckchen im Lebensraum der Hinterbliebenen einzuräumen. Diese werden dadurch im Übrigen in der so wichtigen Trauerarbeit unterstützt, und ein Ritual erleichtert ihnen die oben angesprochene notwendige Internalisierung der oder des Verstorbenen. Ein Beispiel für ein solches Ritual war der letzte Wunsch eines jungen Motorradfahrers an die Mitglieder seines Motorradclubs, immer an seinem Todestag mit der ganzen Gruppe eine Tour zu machen. Die Zusicherung des Präsidenten des Clubs, diesem Wunsch zu entsprechen, zauberte ein Lächeln auf den sonst schmerzhaft verkrampften Mund des Sterbenden. Gleichzeitig tat er damit viel für den gemeinschaftlichen Zusammenhalt seiner wichtigsten Bezugsgruppe.

4. Es habe jeder seinen eigenen Tod

O Herr, gieb jedem seinen eignen Tod.
Das Sterben, das aus jenem Leben geht,
darin er Liebe hatte, Sinn und Not.
RAINER MARIA RILKE[56]

Ganzwerden als lebenslanges »Auf-dem-Weg-Sein« zu sich selbst

Das Ziel des menschlichen Seins, darin sind sich weltweit die meisten Philosophien und spirituellen Wege einig, besteht nicht in erster Linie in der Erfüllung äußerer Normen oder innerer Zwänge. Es ist das »Werde, der/die du bist«, das uns Menschen auf den Weg gegeben wurde, und dabei geht es nicht, wie C. G. Jung nicht müde wurde zu betonen, um die Annäherung an eine irgendwie festgelegte Vollkommenheit. Vielmehr plädierte er für das Streben nach einer Vollständigkeit, einer Ganzheit, die so viele Aspekte unseres Selbst wie nur möglich umfasst und als Teil des Eigenen anerkennt.

Der Weg dorthin, in der Tiefenpsychologie C. G. Jungs als »Individuation« oder »Selbstwerdung« bezeichnet, ist sowohl ein Weg der Bewusstwerdung der eigenen Einzigartigkeit als auch der Erkenntnis der Zugehörigkeit zu einem großen Ganzen, wie immer dies dann in der jeweiligen Kultur, in der wir gerade leben, genannt werden mag. Individuation ist der innere und äußere Selbstwerdungsprozess der Seele, der zielgerichtet ist und uns zu dem Menschen machen will, als der wir gemeint sind und als den wir uns im tiefsten Inneren selbst meinen.

C. G. Jung übersetzt »Individuation« auch mit »Selbstverwirklichung«[57]. Sie ist gleichermaßen Frucht eigener Bemühung wie Annahme eines inneren Fließens. Während in unserer Gesellschaft möglichst geradlinige, stufenweise und rasche Veränderungen angestrebt werden, setzt die Tiefenpsychologie lieber auf organische Wandlungsprozesse, wenn es um die seelische Entwicklung geht. »Das ganze Lebenswerk von Jung besteht eigentlich darin, das Phänomen der Wandlung zu verstehen zu versuchen«[58], schreibt Verena Kast und weist damit auf die zentrale Bedeutung des Wandlungsgeschehens für die tiefenpsychologische Perspektive hin.

Das Wort »Wandlung« stammt wohl vom althochdeutschen *wantalunga* ab und meint eine Änderung, die sich nicht nur auf das Äußere bezieht, sondern die Substanz oder das Wesen, in unserem Zusammenhang das ganze Selbst des Menschen umfasst. Gemeint ist ein ständiger Wachstums- und Entwicklungsprozess, zu dem auch Zeiten des Stillstands, des Rückschrittes oder des sehr langsamen Voranschreitens gehören. Bestimmte Situationen – oftmals auch Krisen –, die uns besonders berühren, strukturieren diesen Prozess, und wir können ein Vorher und Nachher unterscheiden.

Individuation bzw. Selbstverwirklichung ist ein organisches, vorwiegend zyklisch verlaufendes Geschehen, das in uns Menschen angelegt ist und zur Entfaltung kommen will. Die Dynamik dieses Wandlungsprozesses bleibt oft unbewusst und »geheimnisvoll«. Wandlung braucht Freiheit, Raum und Zeit. Zeitweiser Stillstand und Ungewissheit müssen ausgehalten werden, und Krisen erhalten aufgrund ihres Wandlungspotenzials eine ganz eigene Bedeutung. Denn in der Krise erfahren unsere innerseelischen Entwicklungsprozesse eine Verschärfung, werden quasi »auf den Punkt gebracht«, wodurch erst ein weiterer Schritt dringlich wird. Es ereignet sich eine Art Wende, und kompensatorische, ausgleichende und ganzmachende Kräfte unserer Seele werden aktiviert. Altes muss geopfert werden, und erst durch dieses Opfer geschieht Neues.

Dies gilt erst recht, wie wir noch sehen werden, in der äußersten Krise, der ein Mensch ausgesetzt werden kann, in der sogenannten »Sterbekrise«, innerhalb derer das schöpferische Potenzial unserer Psyche voll zum Tragen kommt. Der Tod selbst wird so zu einem Wandlungssymbol oder, wie Jung schreibt: »Wir bedürfen der Kälte des Todes, dass wir klar sehen. [...] Du bist nicht gezwungen, ewig zu leben, sondern du kannst auch sterben, denn zu beidem ist ein Wille in dir. Leben und Tod müssen sich in deinem Dasein die Waage halten.«[59]

Wandlung braucht immer die Auseinandersetzung, den anderen Menschen, ist aber zugleich ein ganz »privater«, innerlicher Prozess des zaghaft voranschreitenden Kontakts zwischen bewussten und unbewussten Anteilen, deren Gemeinsames die Ganzheit des Menschen bestimmt. Und Bewusstes und Unbewusstes können auch hier für Diesseits und Jenseits stehen: Beides ist für eine Ganzheit, die diesen Namen verdient, notwendig.

Die sich in Wandlungsprozessen vollziehende Individuation ist unser innerer Pilgerweg, den wir alle gehen: »Wandern und Wandlung hängen schon sprachlich zusammen. [...] Für die Mönche ist das Wandern ein innerer Weg, ein Prozess, der auf sich genommen werden muss, damit man zu seiner Selbstverwirklichung gelangt«[60], schreibt der von der Tiefenpsychologie C. G. Jungs stark inspirierte Benediktinermönch Anselm Grün.

Individuation ist auf unser eigentliches Selbst ausgerichtet; sie beinhaltet notwendige Krisen, Verluste und Opfer, die für eine Weiterentwicklung notwendig sind, und geht mit einem Prozess der Wandlung einher, bei dem Altes zurückgelassen wird. So wird die lebenslange Individuation zu einer beständigen Vorbereitung auf den Sterbeprozess, der, wie wir sehen werden, den genau gleichen Gesetzen unterliegt. Auf diese Weise werden der Tod und die Entwicklungsaufgaben und -chancen, die mit ihm einhergehen, zu einem Teil unseres alltäglichen Lebens: »Tod« wird Tag für Tag zu einer seelischen Anforderung. Der schließlich eintretende körperliche Tod ist damit natürlich nicht neutralisiert, er kann jedoch gesehen werden als das, was er ist: der Tod des Körpers und nicht der unseres Selbst.

Die zweite Lebenshälfte und ihre Aufgaben

In der Lebensmitte, also etwa ab dem 35. Lebensjahr, ereigne sich, so C. G. Jung, »eine tiefliegende, merkwürdige Veränderung der Seele«[61], eine »psychische Mittagsrevolution«[62], deren größte Tragik es wäre, wenn Menschen die Logik, die Sehnsüchte und Lebensweisen der ersten Hälfte unverändert über diese Schwelle mitnehmen, sie »junge Alte« sein wollen und die Aufgaben, die der Seele in der zweiten Lebenshälfte gestellt seien, ignorieren. »Die Sonne zieht ihre Strahlen ein, um sich selber zu erleuchten, nachdem sie ihr Licht auf eine Welt verschwendet hat. Statt dessen ziehen es viele Alte vor, Hypochonder, Geizhälse, Prinzipienreiter […] oder gar ewig Junge zu werden, ein kläglicher Ersatz für die Erleuchtung des Selbst, aber eine unausbleibliche Folge des Wahnes, daß die zweite Lebenshälfte von den Prinzipien der ersten regiert werden müsse«[63], schrieb Jung 1939.

Die Aufgabe, die es in der zweiten Lebenshälfte zu bewältigen gilt, wäre die Ausrichtung auf die innere Entwicklung, die Individuation, die dadurch, dass der Tod als unausweichlich erkannt wird, dringlich wird. Der »Lehrplan« ist gleichzeitig eine Anleitung der *Ars moriendi*. Die Aufgaben in der zweiten Lebenshälfte begleiten uns nämlich bis zum Tod und werden in der Sterbephase, wie wir später sehen werden, noch einmal forciert.

Was aber ist nun zu tun, um den Übergang in die zweite Lebenshälfte zu meistern und gleichzeitig das Sterben zu üben?

1. Loslassen des eigenen Äußeren
Der Mensch in der Lebensmitte – und noch mehr der Mensch in seinen letzten Lebenszeiten – ist aufgerufen, sich nicht länger ausschließlich mit seiner Persona zu identifizieren, sondern sein eigentliches, dahinterliegendes Selbst zu erkennen und zu entwickeln. »Persona« kommt vom griechischen Verb *personare*, durchtönen, und meint die Theatermaske der altgriechischen Schauspieler. Es geht darum, die »Masken«, die

wir tragen, abzulegen, d. h. unsere Rollen, die wir vor den anderen spielen, aber auch vor uns selbst. Notwendig ist ein schonungsloser Blick, wer wir denn wirklich sind, wenn alle Masken fallen. Dies macht zunächst vielleicht Angst, bedeutet dann aber ein erhöhtes Erleben von Freiheit und Authentizität.

2. *Die Annahme der dunklen Seiten*
Der Schatten umfasst, wie in Kapitel 2 schon angesprochen zum einen die von uns abgelehnten Persönlichkeitsanteile wie z. B. Aggression, Neid oder Eifersucht, zum anderen beinhaltet er ungelebt gebliebene Möglichkeiten, die sich in unserem Leben aber auch hätten ereignen können. Es sind diejenigen Potenziale, die wir auch hätten verwirklichen können, die aber aus Angst, aus vermeintlicher oder tatsächlicher Schwäche, aus Bequemlichkeit oder Unachtsamkeit oder einfach, weil uns andere Lebensaspekte bedeutsamer erschienen, vernachlässigt wurden und verkümmerten.

Jeder von uns häuft täglich neue ungelebte Lebensmöglichkeiten an, und während in jüngeren Jahren zumindest die Illusion aufrechtzuerhalten ist, dass das, was jetzt nicht gelebt wird, später noch nachgeholt werden kann, wird diese Phantasie mit fortschreitendem Alter immer schwieriger. Es wird uns immer klarer, dass einmal nicht beschrittene Wege nunmehr für immer verloren sind und dass die Entscheidung für den einen Lebensaspekt immer die schmerzliche Entscheidung gegen die anderen Möglichkeiten bedeutet. Hier ist »Trauerarbeit« zu leisten, und eine melancholische Grundstimmung ist die Folge. Diese kann dadurch aufgefangen werden, dass man sich bewusst macht, welchen Wert die getroffenen Entscheidungen hatten, und dass man sich den Gehalt des gelebten Lebens vergegenwärtigt.

Um »lebenssatt« zu werden (ein schöner alttestamentarischer Ausdruck, z. B. in Genesis 25,8) ist es ab der Lebensmitte nicht mehr nötig, so viel ungelebtes Leben wie möglich nachzuholen, vielmehr geht es darum, den Reichtum des inneren Lebens kennen und schätzen zu lernen. Die Lebensenergie muss sich langsam nach innen zurückziehen, was nicht mit Depression oder Nihilismus verwechselt werden darf!

3. Das Anerkennen meiner »anderen Seite«

Zur Akzeptanz des Schattens kommt eine »innere Kontaktaufnahme« mit denjenigen Persönlichkeitsanteilen hinzu, die bisher eher im Stillen gewirkt und von uns manchmal nur widerwillig als zu uns zugehörig anerkannt wurden. Es sind vor allem diejenigen Aspekte unseres Selbst, die mit dem Rollenbild als Mann oder Frau zu tun haben. »Weibisches« Verhalten von Männern oder »maskulines« Aussehen von Frauen gehören u. a. dazu. Um jedoch möglichst zu einer psychischen Vollständigkeit zu gelangen, müssen wir uns mit den Merkmalen des »anderen Geschlechts« anfreunden, die wir immer auch in uns selbst tragen.

Die Selbsterkenntnis der Frau, dass auch sie manchmal sog. »männliche« Eigenschaften, Wünsche und Verhaltensmöglichkeiten (etwa Aggressivität oder Dominanz) in sich findet, die Selbsterkenntnis des Mannes, dass auch er manchmal sog. »weibliche« Gefühle, Phantasien und Sehnsüchte (etwa Empfindsamkeit oder Verletzlichkeit) in sich findet, verhindern auch, dass wir all dies nach außen projizieren und in den gegengeschlechtlichen Menschen suchen, die uns umgeben. Dadurch werden die Beziehungen jenseits der Lebensmitte einfacher und weit weniger vom Frust über unerfüllte Wünsche (etwa seitens des Partners oder der Freundin) bestimmt.

Zur »anderen Seite« gehören auch diejenigen Zugangsweisen zur Welt und zu uns selbst, die uns bisher eher fremd erschienen. Die Analytische Psychologie spricht von vier sog. Ich-Funktionen, mit denen wir uns in der Welt orientieren: Denken, Fühlen, Empfinden und Intuieren. Diese Ich-Funktionen sind gegen- bzw. nebeneinander angeordnet zu denken:

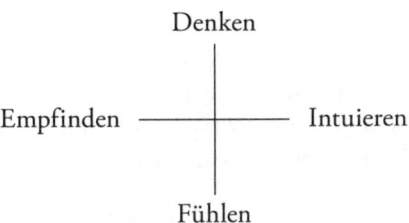

Mit Empfindung sind vor allem die Sinneswahrnehmungen gemeint, Intuition meint das ahnungsvolle Wissen, Denken fragt nach logischen Zusammenhängen, und beim Fühlen geht es um Bewertungen wie angenehm und unangenehm. Eine dieser Zugangsweisen zur Welt und zu uns selbst ist in der Regel stärker ausgebildet, die der Spezialisierung gegenüberliegende Funktion am wenigsten. Wenn wir uns und die Welt z. B. vorwiegend unter logischen Gesichtspunkten betrachten, kommt vor allem das Fühlen zu kurz. Die Aufgabe der zweiten Lebenshälfte ist nun die Entwicklung genau dieser bisher unterrepräsentierten Funktion, damit eine Annäherung an die Ganzheit des Selbst möglich wird. Wenn wir es zulassen, geschieht dies aus einer inneren Notwendigkeit heraus, denn »in der zweiten Lebenshälfte meldet sich nun unweigerlich ein Bedürfnis, die weniger entwickelten Funktionen hochkommen zu lassen und zu differenzieren.«[64]

4. Die Auseinandersetzung mit dem endgültigen Ende

Schließlich bedeutet das Überschreiten der Lebensmitte auch, dass die nun anstehende Ausrichtung auf den Tod nicht länger verleugnet werden kann. C. G. Jung war der Überzeugung, »daß es sozusagen hygienischer ist, im Tode ein Ziel zu erblicken, nach dem gestrebt werden sollte, und daß das Sträuben dagegen etwas Ungesundes und Abnormes ist, denn es beraubt die zweite Lebenshälfte ihres Zieles«[65]. Dieses näher kommende Ziel erkennen wir zunächst oft im Äußeren: an den grauen Haaren und Falten, an den sich mehrenden Zeichen des Alters wie vermehrte Krankheiten, Gelenkprobleme und nachlassende körperliche Kräfte. Die Auseinandersetzung mit diesen Gegebenheiten, die weder vertuscht noch verhindert oder verleugnet werden sollten, ist die beste Übung für diejenige Lebenszeit, in der wir alle in rascher Folge unsere Kräfte und Fähigkeiten verlieren werden: in der Zeit unseres Sterbens.

Sich mit den Abbauprozessen des Alterns auseinanderzusetzen, ist eine schwierige Aufgabe. Menschen in der zweiten Lebenshälfte, die sich dieser Herausforderung stellen, tun dies nicht nur versöhnt oder akzeptierend, sondern auch hadernd und verzweifelt, dann wieder resignativ sich ergebend, manchmal erschüttert, manchmal gelassen und ausgesöhnt. Es gilt, all diese Gefühle als zu uns gehörig anzunehmen und keines davon über das andere zu stellen. Auch dies ist eine übende Vorbereitung auf das oft emotional chaotische Geschehen in Todesnähe...

Die Verlängerung unserer Lebenszeit, die uns durch die Fortschritte der modernen Medizin oft geschenkt wird und die mitunter auch die Sterbephase ausdehnt, hätte also einen sehr bedeutsamen psychologischen Nutzen: Wir könnten uns den oben genannten vier Aufgaben intensiver und länger widmen. Diese wäre die psychologische Sinndeutung eines langen Lebens – auch mit der Konsequenz, dass wir besser vorbereitet in die letzte Lebensphase, das Sterben, eintreten können, da für uns das, was dort auf uns zukommt, bereits gewohnte innere Arbeit ist.

Im Übrigen ist natürlich auch zu beachten, dass diese Lebensaufgaben nicht auf die zweite Lebenshälfte beschränkt sind, auch wenn sie in dieser Zeit wohl besonders dringlich an uns herantreten. Für die Älteren unter den Leserinnen und Lesern bedeutet das aber nicht, dass sie etwas Unwiederbringliches versäumt hätten, wenn sie sie bisher noch nicht beachtet haben. Es ist nie zu spät, und wenn die Aufgaben der zweiten Lebenshälfte für den einen oder die andere zu Aufgaben des letzten Lebensdrittels werden, soll das auch recht sein...

Der Sterbeprozess als Wandlung zur Ganzheit

Den Tod zu erwarten, etwa aufgrund hohen Alters oder einer lebensbedrohlichen Erkrankung, zwingt uns das Wandlungsthema des Individuationsprozesses ganz besonders und in großer Klarheit auf. Wie alle großen spirituellen und religiösen Traditionen (mit ihren Ritualen z. B. der letzten Ölung oder des Vorlesens des Tibetischen Totenbuches) weist auch die Tiefenpsychologie auf die besondere Bedeutung und auch Chance des Sterbevorgangs hin. Der nahende Tod will von uns eine Rückschau auf das Leben und eine Vorausschau, was da wohl noch kommen kann.

Die Todeserwartung zwingt uns zu dem, was Jung uns für den gesamten Lebenslauf rät: den Tod als ein Ziel zu betrachten, das es zu erreichen gilt. Wir werden dazu gedrängt, uns mit der Bedeutung unseres Körpers zu beschäftigen. Der Sterbeprozess ist ein Individuationsprozess, der unserer Identifikation mit unserem körperlichen Sein ein Ende setzt. Dies hat eine Wendung nach innen zur Folge: Das Interesse an der Außenwelt lässt nach und auch die Sinneseindrücke von dem, was uns umgibt, werden schwächer. Stattdessen konzentrieren sich die Gedanken und Gefühle auf die existenziellen Themen des Menschseins, auf die Frage nach dem Sinn, auf Einsamkeit und Freiheit. Diese letztlich unbeantwortbaren Fragen führen uns in eine »kreative Krise«, zu der – wie zu allen anderen psychischen Krisen auch – Angst, Ärger und Verzweiflung gehören dürfen, ja vielleicht auch müssen. Eine (oft vermeintliche) gelassene Angstfreiheit ist, wie schon erwähnt, nicht das Ziel tiefenpsychologischer Sterbearbeit. Es geht vielmehr um die Annahme und vielleicht stückweise Verwandlung unserer Schattenaspekte, zu der eben auch Todesangst und Verzweiflung gehören.

Im Sterbeprozess ist also unsere Aufgabe, die Identifikation unseres Selbst mit unserem Körper aufzugeben. Darüber hinaus geht es darum – oft schon zu Beginn, wenn die Pflegebedürftigkeit größer wird –, die Identifikation unseres Selbst mit unseren Rollen und sozialen Funktionen aufzugeben, was im Individuationsprozess eine wesentliche Aufgabe ist. Gleichzeitig sind wir konfrontiert mit dem, was wir oben als unseren »Schatten« bezeichnet haben: vor allem offene Konfliktthemen, ungelebtes Leben, aggressive oder ängstliche Inhalte.

Diese Aufgaben scheinen uns übergroß und nicht zu bewältigen zu sein. Die »archetypische Ladung« des Sterbeprozesses ermöglicht uns jedoch, in den in uns angelegten Individuationsprozess zu vertrauen, den wir schon anhand vieler Lebenskrisen durchleben durften. Individuation und Sterbeprozess sind beides Wandlungsgeschehen; sie sind zielgerichtet und üben die Ganzheit ein. Verena Kast geht so weit zu sagen, der Tod sei zu »sehen als jene Macht, die uns ständig antreibt, uns zu wandeln«[66].

Die mögliche Gleichsetzung von Individuationsprozess und Sterbeprozess zeigt sich auch in den Bildern, die die Menschheitskulturen verwenden, um Selbstwerdung und Sterbevorgang zu veranschaulichen. Es sind jeweils Bilder der Reise, der Pilgerfahrt, des Übergangs bzw. der Überfahrt oder des Durchgangs.

Sterben wird, etwa im berühmten Gemälde *Der Aufstieg in das himmlische Paradies* von Hieronymus Bosch (siehe Abb. 9), als ein weiterer Übergang, ein weiterer Umschlagpunkt unseres Seins gesehen. Wie bei den bisherigen Krisenzeiten auf dem Weg der Individuation geht es auch nun, im Sterbeprozess, um eine Auflösung selbsteinengender Vorstellungen, die weitgehend ohne äußeres Zutun abläuft, und um eine schrittweise Erweiterung der Grenzen unseres Selbst.

Sterben ist aus tiefenpsychologischer Sicht kein festlegbarer Moment. Die heutige naturwissenschaftlich ausgerichtete Medizin definiert den Sterbezeitpunkt mit dem Eintritt des Hirntodes. Psychologisch betrachtet haben wir es allerdings mit einem Prozess, ja einer Entwicklung zu tun, die vor dem eigentlichen Hirntod bereits beginnt und deren Ziel jenseits der Hirntodgrenze liegt, so wie die Ziele der krisenhaften Umschlagpunkte der lebenslangen Individuation auch nicht in, sondern immer jenseits der Krise zu suchen sind! »Sterben hat einen ausgesprochenen Prozesscharakter, so dass im Grunde nicht gesagt werden kann,

Abb. 9: Hieronymus Bosch: Der Aufstieg in das himmlische Paradies (um 1500, Ausschnitt)

wann es beginnt und wann es endet«[67], schreibt die erfahrene Krankenschwester und Sterbebegleiterin Barbara Maria Mutschler.

Gängige Konzepte vom Sterbeprozess suggerieren eine weitgehend geradlinige Veränderungsabfolge. Die amerikanische Sterbeforscherin Elisabeth Kübler-Ross beschreibt etwa die Phasen »Nicht-wahrhaben-Wollen«, »Zorn«, »Verhandeln«, »Depression«, »Zustimmung«.[68] Wandlung aber, wie sie sich auch im Sterbeprozess ereignet, ist zyklisch und nicht linear. Die Lebensthemen kommen und gehen, wir umkreisen sie und einzelne Aspekte unseres Lebensrückblicks, arbeiten sie nicht – weder im Leben noch im Sterben – Schritt für Schritt ab. »Die großen Lebensprobleme sind nie auf immer gelöst. […] Ihr Sinn und Zweck scheint nicht in ihrer Lösung zu liegen, sondern darin, daß wir unablässig an ihnen arbeiten«[69], so C.G. Jung 1930. Viele Themen tauchen immer wieder auf, um sorgsam beachtet und unter immer wieder neuem Gesichtspunkt betrachtet zu werden. Sogar paradoxe, gegenläufige Prozesse können auftreten. So sind wir als Sterbende vielleicht mit Unerledigtem noch beschäftigt und stellen uns die Frage nach dem Wert von Versöhnung, gleichzeitig (!) beginnen wir aber, unsere Identifikation mit den »äußeren Dingen« aufzugeben, Banales als banal und Unwichtiges als unwichtig zu erkennen.

Schluss

Das menschliche Leben ist von einer Bipolarität, man könnte auch sagen: von einem Grundkonflikt geprägt. Wir wissen – vielleicht als einzige Lebewesen überhaupt –, dass wir sterben werden, und hoffen doch auf ein Stück Unsterblichkeit. Wir wissen auch, dass wir in jeder Sekunde unserem Tod näher kommen, und tun doch die meiste Zeit so, als müssten wir nie sterben. »Der Gegensatz lässt sich dadurch erklären, dass der Tod einmal vom Gesichtspunkt des Ich und das andere Mal von dem der Seele aus dargestellt wird«[70], schreibt C. G. Jung. Menschen, die dem Tode nahe sind, lösen sich aus diesem Menschheitskonflikt heraus und geraten so zu einer größeren Freiheit. Nun können und müssen sie vielleicht der Tatsache des Todes offen ins Auge blicken und sehen sich vor wichtige Aufgaben gestellt, die ihre Existenz in einem letzten Akt vervollständigen können.

Durch unser Zugehen auf den Tod wird unser Unbewusstes aktiviert. Es will sich zeigen und unserer bewussten Existenz Fehlendes hinzufügen. Nahtoderfahrungen können dies deutlich machen.

Wie wir gesehen haben, ist der Sterbeprozess in seinen segensreichen, aber auch in seinen furchterregenden Aspekten voller Sinnhaftigkeit. Er verweist uns auf das in uns liegende Potenzial zur Ganzwerdung und auf Möglichkeiten, dieses Potenzial – im Sinne der Individuation – zu verwirklichen. Dies kann auch schon mitten im Leben, nicht erst auf dem Sterbebett, geübt werden, so dass die psychologischen Aufgaben der »Lebenszeit Sterben« zumindest teilweise schon frühzeitig angegangen werden und eine gewisse Vertrautheit mit dem entstehen kann, was im Sterben unserer Seele abverlangt wird. Dazu möchte dieses kleine Buch beitragen. Es soll aber auch dazu anregen, sich mit den vielfältigen Aspekten einer »Tiefenpsychologie des Sterbens«, die hier nur kurz genannt und erläutert werden konnten, weiter zu befassen.

Ich würde mich freuen, wenn das Buch dazu führen würde, Gespräche über das Thema Sterben und Tod in Gang zu bringen, wenn es von Partnern, Freunden oder Gruppen gemeinsam gelesen, besprochen oder weiterentwickelt würde. Die Auseinandersetzung mit unserer Endlichkeit sollte im Seeleninneren *und* in der Seelenumgebung, also in den Beziehungen zu den uns wichtigen Menschen erfolgen. Dann wird diese Auseinandersetzung Früchte tragen, und der Tod kann etwas von seinem Schrecken verlieren. Vielleicht vermögen wir es dann, ohne in Todessehnsucht zu verfallen, »im Tode ein Ziel zu erblicken, nach dem gestrebt werden sollte«[71], wie C. G. Jung schreibt.

Anhang

Bildnachweis

21 Abb. 1: Jolande Jacobi: Das Ich und das Unbewusste. Aus: Jolande Jacobi: Die Psychologie von C. G. Jung. © Patmos Verlag der Schwabenverlag AG, Ostfildern 2012. www.verlagsgruppe-patmos.de.
25 Abb. 2: Arnold Böcklin: Die Toteninsel (1880). © akg-images.
26 Abb. 3: Dante Alighieri: Illustration zum Paradiso, 31. Gesang, Vers 1–3. Holzstich nach Zeichng. von Gustave Doré (1832–1883). Aus: Dante Alighieri: Le Purgatoire et le Paradis, Paris (Hachette et Cie.) 1868; spät. Kolorierung. © akg-images.
29 Abb. 4: Fensterrose von Notre-Dame. Aus: Marie-Louise von Franz / Joseph L. Henderson / Jolande Jacobi / Aniela Jaffé / C. G. Jung: Der Mensch und seine Symbole. 18. Aufl. Patmos, Ostfildern 2012, S. 159.
39 Abb. 5: Yin und Yang.
43 Abb. 6: Der liegende Nirwana-Buddha. Foto: © Ralf T. Vogel.
70 Abb. 7: Der Palast der Träume. Französischer Stich aus dem 17. Jahrhundert. Aus: Marie-Louise von Franz / Joseph L. Henderson / Jolande Jacobi / Aniela Jaffé / C. G. Jung: Der Mensch und seine Symbole. 18. Aufl. Patmos, Ostfildern 2012, S. 273.
79 Abb. 8: Das goldene Schloss – Mandala von C. G. Jung. Aus: C. G. Jung: Gesammelte Werke Bd. 9/I, Bild 36. © Stiftung der Werke von C. G. Jung, Zürich.
101 Abb. 9: Hieronymus Bosch: Der Aufstieg in das himmlische Paradies (um 1500, Ausschnitt). Öl/Holz, 86,5 × 39,5 cm. Eine von vier Tafeln mit Jenseitsdarstellungen. © akg-images.

Zitatnachweis

51 Aus: Reiner Kunze, Bittgedanke, dir zu Füßen. Aus: ders., Gedichte. © S. Fischer Verlag GmbH, Frankfurt am Main 2001.
88 Aus: Dietrich Bonhoeffer, Widerstand und Ergebung. © Gütersloher Verlagshaus, Gütersloh, in der Verlagsgruppe Random House GmbH.
88 Aus: Yoel Hoffmann, Die Kunst des letzten Augenblicks. © Herder Verlag GmbH, Freiburg im Breisgau 2000, S. 60.
88 Aus: Yoel Hoffmann, Die Kunst des letzten Augenblicks. © Herder Verlag GmbH, Freiburg im Breisgau 2000, S. 96.

Anmerkungen

1 Rilke, Rainer Maria: Die Gedichte. 8. Aufl. Insel, Frankfurt am Main 1996, S. 423.
2 Rilke, Rainer Maria: Ein Märchen vom Tod und eine fremde Nachschrift dazu. In: Ders.: Gesammelte Werke. Anaconda, Köln 2013, S. 66–72.
3 Rilke, Rainer Maria: Das Stundenbuch. In: Ders.: Die Gedichte, S. 293.
4 Jung, C. G.: Erinnerungen, Träume, Gedanken. Aufgezeichnet und herausgegeben von Aniela Jaffé. Korrigierte Sonderausgabe. 18. Aufl. EDITION C. G. JUNG im Patmos Verlag, Ostfildern 2011, S. 330.
5 Unveröffentlichter Brief, zit. nach: Jaffé, Aniela: Der Tod aus der Sicht von C. G. Jung. In: Dies. / Liliane Frey-Rohn / Marie-Louise von Franz: Im Umkreis des Todes. 2., überarb. Aufl. Daimon, Zürich 1984, S. 22 f.
6 Jung: Erinnerungen, S. 327.
7 Abgebildet in: Jacobi, Jolande: Die Psychologie von C. G. Jung. Eine Einführung in das Gesamtwerk. Mit einem Geleitwort von C. G. Jung. Patmos, Ostfildern 2012, S. 45.
8 Jung: Erinnerungen, S. 334.

9 Jung, C. G.: Briefe II: 1946–1955. Hg. von Aniela Jaffé in Zusammenarbeit mit Gerhard Adler. Sonderausgabe. EDITION C. G. JUNG im Patmos Verlag, Ostfildern 2012, S. 205.
10 Vgl. Schopenhauer, Arthur: Die Welt als Wille und Vorstellung. Haffmanns, Zürich 1988.
11 Jung, C. G.: Gesammelte Werke (GW). Bd. 7, § 400.
12 Ders.: GW 11, § 231.
13 Aus: Morgenstern, Christian: Werke und Briefe. Kommentierte Ausgabe. Bd. 2: Lyrik 1906–1914. Hg. von Martin Kiessig. Urachhaus, Stuttgart 1992, S. 76.
14 Freud, Sigmund: Zeitgemäßes über Krieg und Tod. In: Ders.: Studienausgabe. Bd. IX. S. Fischer, Frankfurt am Main 1974, S. 60.
15 Kast, Verena: Was wirklich zählt, ist das gelebte Leben. Die Kraft des Lebensrückblicks. Kreuz, Freiburg im Breisgau 2010.
16 Dorst, Brigitte: Symbole als Grundlage der Aktiven Imagination. In: Brigitte Dorst / Ralf T. Vogel (Hg.): Aktive Imagination. Schöpferisch leben aus inneren Bildern. Kohlhammer, Stuttgart 2014, S. 51.
17 Terzani, Tiziano: Das Ende ist mein Anfang. Ein Vater, ein Sohn und die große Reise des Lebens. Spiegel Buchverlag, Hamburg 2007.
18 Vgl. Landsberg, Paul Ludwig: Die Erfahrung des Todes. Hg., mit einer Einl. und einem Nachw. vers. von Eduard Zwierlein. Matthes & Seitz, Berlin 2009.
19 Zitiert nach: Zwierlein, Eduard: Denken kann trösten. Vandenhoeck & Ruprecht, Göttingen 2014, S. 115.
20 Helmuth James und Freya von Moltke: Abschiedsbriefe Gefängnis Tegel September 1944–Januar 1945. Hg. von Helmuth Caspar von Moltke und Ulrike von Moltke. Gekürzte Ausgabe. C. H. Beck, München 2013, S. 277.
21 Buonarroti, Michelangelo: Dichtungen des Michelangelo. Übertragen von Rainer Maria Rilke. Insel, Leipzig 1951, S. 70.
22 Drewermann, Eugen: Wie zu leben wäre. Ansichten und Einsichten. Im Gespräch mit Richard Schneider. Herder, Freiburg im Breisgau 2002, S. 150.
23 Wöller, Hildegunde: Liebe ist stärker als der Tod. In: Jung Journal 19/20, 2008, S. 39.

24 Freud, Sigmund: Trauer und Melancholie. In: Studienausgabe. Bd. III. S. Fischer, Frankfurt am Main 1975, S. 197 (Anm. 24).
25 Kunze, Reiner: auf eigene hoffnung & eines jeden einziges leben. Fischer TB, Frankfurt am Main 2000, S. 170.
26 Ebd., S. 170.
27 Adorján, Johanna: Eine exklusive Liebe. Luchterhand, München 2009.
28 Jung: Erinnerungen, S. 328.
29 Rilke: Die Gedichte, S. 507 f.
30 Vgl. Jung: Erinnerungen, S. 334 ff.
31 Elias, Norbert: Über die Einsamkeit der Sterbenden in unseren Tagen. Suhrkamp, Frankfurt am Main 1986.
32 Vgl. Bremer Heimstiftung (Hg.): »Ich möchte einfach einschlafen. Kein Tamtam drum herum«. Gedanken und Wünsche zu Sterben und Tod. Eine Umfrage in der Bremer Heimstiftung. 2005. www.hospiz-horn.de/pdf_broschueren/umfrage_bhs.pdf (Zugriff: 10.11.2014).
33 Rilke: Das Stundenbuch. Erstes Buch: Das Buch vom mönchischen Leben (1899). In: Ders.: Die Gedichte, S. 200.
34 Zitiert nach: Tange, Ernst G. (Hg.): O Welt, ich muss dich lassen. Lebensweisheiten in Todesanzeigen. 3. Aufl. Books on Demand, Norderstedt 2013, S. 41.
35 Vgl. Kast, Verena: Trauern. Phasen und Chancen des psychischen Prozesses. Neu gestaltete, 20. Aufl., erw. um eine Einleitung von Verena Kast. Kreuz, Stuttgart 1999, S. 29 ff.
36 Franz, Marie-Louise von: Traum und Tod. Was uns die Träume Sterbender sagen. Überarb. Ausg. Königsfurt, Krummwisch 2001, S. 241.
37 Jung, C. G.: Briefe III: 1956–1961. Hg. von Aniela Jaffé in Zusammenarbeit mit Gerhard Adler. Sonderausgabe. EDITION C. G. JUNG im Patmos Verlag, Ostfildern 2012, S. 135.
38 Vgl. Franz: Traum und Tod, S. 21 ff.
39 Vgl. Jaffé, Aniela: Geistererscheinungen und Vorzeichen. Eine psychologische Deutung. Herder, Freiburg im Breisgau 1997; vgl. auch Franz: Traum und Tod.
40 Schnocks, Dieter: Was unsere Träume sagen wollen. Botschaften aus dem Raum der Seele. Herder, Freiburg im Breisgau / Basel / Wien 2007.

41 Evans-Wentz, Walter Y. (Hg.): Das tibetanische Totenbuch. Oder Die Nachtod-Erfahrungen auf der Bardo-Stufe. Ein Weisheitsbuch der Menschheit. Nach der engl. Fassung des Lama Kazi Dawa-Samdup hg. von Walter Y. Evans-Wentz. Im Auftr. des Hg. für die 7. Aufl. neu bearb., komm. und eingel. von Lama Anagarika Govinda. Mit einem Geleitw. und einem psycholog. Kommentar von C. G. Jung. 20. Aufl. der Sonderausg. Artemis & Winkler, Düsseldorf 2003.

42 Vgl. Moody, Raymond A.: Leben nach dem Tod. Die Erforschung einer unerklärlichen Erfahrung. Mit einem Vorw. von Melvin Morse und Elisabeth Kübler-Ross. Erw. Neuausg. 14. Aufl. Rowohlt TB, Reinbek bei Hamburg 2013 (1. Aufl. 1977). Aktuelle Forschungsergebnisse zur Nahtoderfahrung präsentiert auch der niederländische Kardiologe Pim van Lommel in seinem Buch: Endloses Bewusstsein. Neue medizinische Fakten zur Nahtoderfahrung (4., aktualisierte und erg. Aufl. Patmos, Ostfildern 2011).

43 Zur Methode der Aktiven Imagination vgl. Dorst, Brigitte / Vogel, Ralf T. (Hg.): Aktive Imagination.

44 Adaptiert nach Tausch, Annemarie / Reinhard Tausch: Sanftes Sterben. Rowohlt, Reinbek bei Hamburg 2004.

45 Wilhelm, Richard (Übers.): Das Geheimnis der Goldenen Blüte. Das Buch von Bewusstsein und Leben. Aus dem Chinesischen übers. und erl. von Richard Wilhelm. Mit einem Kommentar von C. G. Jung. Hugendubel, Kreuzlingen/München 2005.

46 Jung: GW 9/I, §§ 627–712.

47 Vgl. ebd., § 691.

48 Neumann, Erich: Ursprungsgeschichte des Bewußtseins. Walter, Olten 1971, S. 242.

49 Aus: Rilke: Das Stundenbuch. Drittes Buch: Das Buch von der Armut und vom Tode (1903). In: Ders.: Die Gedichte, S. 293.

50 Aus: Rilke: Todes-Erfahrung. In: Ders.: Die Gedichte, S. 464.

51 Nach Yalom, Irvin D.: Existenzielle Psychotherapie. Edition Humanistische Psychologie, Köln 2000, S. 198 f.

52 Vgl. Ralf T. Vogel: Todesthemen in der Psychotherapie. Ein integratives Handbuch zur therapeutischen Arbeit im Umfeld von Tod und Sterben. Kohlhammer, Stuttgart 2012, S. 173.

53 Bonhoeffer, Dietrich: Widerstand und Ergebung. Chr. Kaiser / Gütersloher Verlagshaus, Gütersloh 1998, S. 607.

54 Aus: Hoffmann, Yoel: Die Kunst des letzten Augenblicks. Todesgedichte japanischer Zenmeister. Gesammelt und mit Einleitung und Kommentar versehen von Yoel Hoffmann. Übersetzung der Gedichte: Munish B. Schiekel. Übersetzung der Einführung und der Kommentare: Bernardin Schellenberger. Herder, Freiburg im Breisgau u. a. 2000, S. 60.
55 Aus: ebd., S. 96.
56 Aus: Rilke: Das Stundenbuch. Drittes Buch. In: Ders.: Die Gedichte, S. 293.
57 Jung: GW 7, § 266.
58 Kast, Verena: Sich wandeln und sich neu entdecken. Herder, Freiburg im Breisgau 2007, S. 62.
59 Jung, C. G.: Das Rote Buch. Liber Novus. Herausgegeben und eingeleitet von Sonu Shamdasani. 3. Aufl. Patmos, Ostfildern 2013, S. 274.
60 Grün, Anselm: Auf dem Wege. Zu einer Theologie des Wanderns. Vier Türme, Münsterschwarzach 2005, S. 27 f.
61 Jung: GW 8, § 778.
62 Ebd., § 781.
63 Ebd., § 785.
64 Franz, Marie-Louise von: C. G. Jungs Auffassung von Alter und Tod und ihre Bedeutung für die analytische Therapie alter Menschen. In: Petzold, Hilarion / Bubolz, Elisabeth (Hg.): Psychotherapie mit alten Menschen. Junfermann, Paderborn 1979, S. 134.
65 Jung: GW 8, § 792.
66 Kast: Trauern, S. 185.
67 Mutschler, Barbara Maria: Grenzland. Individuation im Sterbeprozess. Nordländer, Rütte 2012, S. 23.
68 Vgl. Kübler-Ross, Elisabeth: Interviews mit Sterbenden. Kreuz, Stuttgart 2009.
69 Jung: GW 8, § 771.
70 Jung: Erinnerungen, S. 343.
71 Jung: GW 8, § 792.

Literatur

Adorján, Johanna: Eine exklusive Liebe. Luchterhand, München 2009.

Bonhoeffer, Dietrich: Widerstand und Ergebung. Chr. Kaiser/Gütersloher Verlagshaus, Gütersloh 1998.

Bremer Heimstiftung 2005: »Ich möchte einfach einschlafen. Kein Tamtam drum herum«. Bremen 2005.

Buonarroti, Michelangelo: Dichtungen des Michelangelo. Übertragen von Rainer Maria Rilke. Insel, Leipzig 1951.

Dorst, Brigitte: Symbole als Grundlage der Aktiven Imagination. In: Brigitte Dorst/Ralf T. Vogel (Hg.): Aktive Imagination. Schöpferisch leben aus inneren Bildern. Kohlhammer, Stuttgart 2014, S. 51–68.

Drewermann, Eugen: Wie zu leben wäre. Ansichten und Einsichten. Im Gespräch mit Richard Schneider. Herder, Freiburg im Breisgau 2002.

Elias, Norbert: Über die Einsamkeit der Sterbenden in unseren Tagen. Suhrkamp, Frankfurt am Main 1986.

Evans-Wentz, Walter Y. (Hg.): Das tibetanische Totenbuch. Oder Die Nachtod-Erfahrungen auf der Bardo-Stufe. Ein Weisheitsbuch der Menschheit. Nach der engl. Fassung des Lama Kazi Dawa-Samdup hg. von Walter Y. Evans-Wentz. Im Auftr. des Hg. für die 7. Aufl. neu bearb., komm. und eingel. von Lama Anagarika Govinda. Mit einem Geleitw. und einem psycholog. Kommentar von C.G. Jung. 20. Aufl. der Sonderausg. Artemis & Winkler, Düsseldorf 2003.

Franz, Marie-Louise von: C.G. Jungs Auffassung von Alter und Tod und ihre Bedeutung für die analytische Therapie alter Menschen. In: Hilarion Petzold/Elisabeth Bubolz (Hg.): Psychotherapie mit alten Menschen. Junfermann, Paderborn 1979, S. 131–145.

Franz, Marie-Louise von/Joseph L. Henderson/Jolande Jacobi/Aniela Jaffé/C.G. Jung: Der Mensch und seine Symbole. 18. Aufl. Patmos, Ostfildern 2012.

Franz, Marie-Louise von: Traum und Tod. Was uns die Träume Sterbender sagen. Überarb. Ausg. Königsfurt, Krummwisch 2001.

Freud, Sigmund: Gesammelte Werke. Bd. IX. Studienausgabe. S. Fischer, Frankfurt am Main 1974.

Grün, Anselm: Auf dem Wege. Zu einer Theologie des Wanderns. Vier Türme, Münsterschwarzach 2005.

Hoffmann, Yoel: Die Kunst des letzten Augenblicks. Todesgedichte japanischer Zenmeister. Gesammelt und mit Einleitung und Kommentar versehen von Yoel Hoffmann. Übersetzung der Gedichte: Munish B. Schiekel. Übersetzung der Einführung und der Kommentare: Bernadin Schellenberger. Herder, Freiburg im Breisgau u. a. 2000.

Jacobi, Jolande: Die Psychologie von C. G. Jung. Eine Einführung in das Gesamtwerk. Mit einem Geleitwort von C. G. Jung. Patmos, Ostfildern 2012.

Jaffé, Aniela: Der Tod aus der Sicht von C. G. Jung. In: Dies. / Liliane Frey-Rohn / Marie-Louise von Franz: Im Umkreis des Todes. 2., überarb. Aufl. Daimon, Zürich 1984, S. 11–28.

Jaffé, Aniela: Geistererscheinungen und Vorzeichen. Eine psychologische Deutung. Herder, Freiburg im Breisgau 1997.

James, Helmuth / Freya von Moltke: Abschiedsbriefe Gefängnis Tegel. September 1944 – Januar 1945. Hg. von Helmuth Caspar von Moltke und Ulrike von Moltke. Gekürzte Ausgabe. C. H. Beck, München 2013.

Jung, C. G.: Briefe II: 1946–1955. Hg. von Aniela Jaffé in Zusammenarbeit mit Gerhard Adler. Sonderausgabe. EDITION C. G. JUNG im Patmos Verlag, Ostfildern 2012.

Jung, C. G.: Briefe III: 1956–1961. Hg. von Aniela Jaffé in Zusammenarbeit mit Gerhard Adler. Sonderausgabe. EDITION C. G. JUNG im Patmos Verlag, Ostfildern 2012.

Jung, C. G.: Das Rote Buch. Liber Novus. Herausgegeben und eingeleitet von Sonu Shamdasani. 3. Aufl. Patmos, Ostfildern 2013.

Jung, C. G.: Erinnerungen, Träume, Gedanken. Aufgezeichnet und herausgegeben von Aniela Jaffé. Korrigierte Sonderausgabe. 18. Aufl. EDITION C. G. JUNG im Patmos Verlag, Ostfildern 2011.

Jung, C. G.: Gesammelte Werke (GW). 20 Bde. Hg. von Lilly Jung-Merker / Elisabeth Rüf / Leonie Zander et al. Sonderausgabe. EDITION C. G. JUNG im Patmos Verlag, Ostfildern 2011.

Kast, Verena: Sich wandeln und sich neu entdecken. Herder, Freiburg im Breisgau 2007.

Kast, Verena: Trauern. Phasen und Chancen des psychischen Prozesses. Neu gestaltete, 20. Aufl., erw. um eine Einleitung von Verena Kast. Kreuz, Stuttgart 1999.

Kast, Verena: Was wirklich zählt, ist das gelebte Leben. Die Kraft des Lebensrückblicks. Kreuz, Freiburg im Breisgau 2010.

Kübler-Ross, Elisabeth: Interviews mit Sterbenden. Kreuz, Stuttgart 2009.

Kunze, Reiner: auf eigene hoffnung & eines jeden einziges leben. Fischer TB, Frankfurt am Main 2000.

Landsberg, Paul Ludwig: Die Erfahrung des Todes. Hg., mit einer Einl. und einem Nachw. vers. von Eduard Zwierlein. Matthes & Seitz, Berlin 2009.

Moody, Raymond A.: Leben nach dem Tod. Die Erforschung einer unerklärlichen Erfahrung. Mit einem Vorw. von Melvin Morse und Elisabeth Kübler-Ross. Erw. Neuausg. 14. Aufl. Rowohlt TB, Reinbek bei Hamburg 2013.

Morgenstern, Christian: Werke und Briefe. Kommentierte Ausgabe. Bd. 2: Lyrik 1906–1914. Hg. von Martin Kiessig. Urachhaus, Stuttgart 1992.

Mutschler, Barbara Maria: Grenzland. Individuation im Sterbeprozess. Nordländer, Rütte 2012.

Neumann, Erich: Ursprungsgeschichte des Bewußtseins. Walter, Olten 1971.

Pausch, Randy: Last Lecture. Die Lehren meines Lebens. Goldmann, München 2009.

Rilke, Rainer Maria: Die Gedichte. 8. Aufl. Insel, Frankfurt am Main 1996.

Rilke, Rainer Maria: Gesammelte Werke. Anaconda, Köln 2013.

Rowling, Joanne K.: Harry Potter. Bde. 1–7. Carlsen, Hamburg 2013.

Schnocks, Dieter: Was unsere Träume sagen wollen. Botschaften aus dem Raum der Seele. Herder, Freiburg im Breisgau / Basel / Wien 2007.

Schopenhauer, Arthur: Die Welt als Wille und Vorstellung. Haffmanns, Zürich 1988.

Tausch, Annemarie / Reinhard Tausch: Sanftes Sterben. Rowohlt, Reinbek bei Hamburg 2004.

Terzani, Tiziano: Das Ende ist mein Anfang. Ein Vater, ein Sohn und die große Reise des Lebens. Spiegel Buchverlag, Hamburg 2007.

Tolstoi, Leo: Der Tod des Iwan Iljitsch. Anaconda, Köln 2008.

Van Lommel, Pim: Endloses Bewusstsein. Neue medizinische Fakten zur Nahtoderfahrung. 4., aktualisierte und erg. Aufl. Patmos, Ostfildern 2011.

Vogel, Ralf T.: Todesthemen in der Psychotherapie. Ein integratives Handbuch zur therapeutischen Arbeit im Umfeld von Tod und Sterben. Kohlhammer, Stuttgart 2012.

Wilhelm, Richard (Übers.): Das Geheimnis der Goldenen Blüte. Das Buch von Bewusstsein und Leben. Aus dem Chinesischen übers. und erl. von Richard Wilhelm. Mit einem Kommentar von C. G. Jung. Hugendubel, Kreuzlingen/München 2005.

Wöller, Hildegunde: Liebe ist stärker als der Tod. In: Jung Journal 19/20, 2008, S. 39–48.

Yalom, Irvin D.: Existenzielle Psychotherapie. Edition Humanistische Psychologie, Köln 2000.

Zwierlein, Eduard: Denken kann trösten. Vandenhoeck & Ruprecht, Göttingen 2014.